Lea Ackermann
Michael Albus

Das ist der Gipfel!

Lea Ackermann
Michael Albus

Das ist der Gipfel!

Ein Gespräch über Lust und Last des Älterwerdens

Patmos Verlag

Zu Autorin und Autor

Dr. Lea Ackermann wurde 1937 geboren und ist Ordensschwester und Pädagogin. Durch ihre Gemeinschaft lebte und arbeitete sie mehrere Jahre in Ruanda und Kenia, wo sie erstmals mit von Menschenhandel und Prostitution betroffenen Frauen und Mädchen in Berührung kam. Deshalb gründete sie das Netzwerk SOLWODI (SOlidarity with WOmen in DIstress, Solidarität mit Frauen in Not) zum Schutz von Frauen vor Prostitution, das sie auch international bekannt machte. Vielfach geehrt und ausgezeichnet, lebt sie in Boppard am Rhein.

Michael Albus, Jahrgang 1942, war nach dem Studium der Theologie und der Germanistik lange Jahre beim ZDF für die kirchliche Berichterstattung und für das Kinder- und Jugendprogramm verantwortlich. Außerdem war er Kommentator in »heute« und »heute journal«. Er ist Autor mehrerer Kulturreportagereihen »Wohnungen der Götter« über die Heiligen Berge der Weltreligionen, »Wohnungen Gottes« über mystische Zentren des Judentums, des Christentums und des Islam sowie über »Frühe Stätten der Christenheit« auf den Spuren des Apostels Paulus. – Er war Professor für Religionsdidaktik der Medien an der Universität Freiburg im Breisgau und ist Autor zahlreicher Buchveröffentlichungen zu gesellschaftlichen und religiösen Themen.

Inhalt

Etwas Besseres als den Tod finden wir überall
Einige Vorbemerkungen

Handle, bevor die Dinge da sind.
Ordne sie, bevor die Verwirrung beginnt.
Lao Tse, Tao Te King, Kapitel 65

Zum Tode verurteilt sind wir von vorneherein. Da gibt es keinen Freispruch und keine Revision, keine Haftmilderung. Im Gegenteil: Die Verschärfung erfolgt mit zunehmendem Alter. Manche wollen auch lieber auf ihre alten Tage verzichten, statt lange Jahre immer gebrechlicher zu werden, Schmerzen ohne Ende zu haben, ohne wirkliche Lebensqualität das Leben abarbeiten zu müssen. Oder nur noch geduldet zu sein und in Schablonen gepresst zu werden. Die vielen Altenselbstmorde in unserer Gesellschaft sprechen für sich.

Die Bremer Stadtmusikanten haben das auch zu spüren bekommen, wie es ist, wenn »es« nicht mehr so flott geht. Sie haben entschlossen die Flucht nach vorne angetreten. Und einen Teilsieg errungen. Aber sterben mussten auch sie.

Also: Machen wir uns nichts vor! Machen wir das Beste aus dem Urteil, das von Unbekannt schon vor unserer Geburt über uns gefällt wurde. Der Tod beginnt ja, wenn man es ernst und genau nimmt, mit der Zeugung. Gezeugt, zur

Welt gebracht wurden wir, ganz unverblümt und drastisch gesagt, von Sterbenden als Sterbende. Da kann man sehen, wie eng Liebe und Tod miteinander zusammenhängen. Wie zwei, die miteinander in einem Bett liegen. So eng.

Wir halten es mit den Bremer Stadtmusikanten: Auf! Vorwärts! Zu unserem Sehnsuchtsort! »Etwas Besseres als den Tod finden wir überall.« – Wir schauen mal, was es zu sehen und zu erfahren gibt – und was nicht, wenn Frau und Mann älter werden und alt geworden sind. Wir räumen den Kampfplatz »Alter« erst, wenn wir die weiße Fahne von Unbekannt zur Übergabe in die Hand gedrückt bekommen.

Und wir wollen sehen, ob Frau und Mann diesen Prozess, der auch ein Exzess werden kann, verschieden zu bestehen versuchen. Ob es wirklich den großen Unterschied von Mann und Frau in dieser Lebensfrage, die schnell zur Überlebensfrage werden kann, gibt.

Ratgeber wollen wir nicht sein. Auch, weil wir selbst manchmal ratlos sind in unseren alten Tagen – und Nächten. Die gehören ja auch dazu, die Nächte.

Also machen wir uns auf den Weg! Nüchtern und leidenschaftlich.

Lea Ackermann
Michael Albus

I
Woher wir kommen oder Wie wir wurden, was wir sind

Zu altern heißt, rückwärts zu blicken.
Die Erinnerung an Ereignisse und Menschen kann man auf verschiedene Weise erleben. Wie wenn man zu einem Buch zurückkehrt, das man schon viele Male gelesen hat.
Man findet immer etwas Neues.
Henning Mankell (1948–2015)

1. Statt zweier Lebensläufe

Michael Albus
Hoch hinauf. Raus aus dem flachen Land

Meine frühesten Erinnerungen gehen zurück in die Endphase des Zweiten Weltkrieges (1939–1945). Ich sehe mich mit der Großmutter im Luftschutzkeller sitzen und höre noch das dumpfe Rumsen der Bombenabwürfe. Die Flugzeuge der französischen Luftwaffe flogen übers Haus und warfen ihre tödliche Last auf eine Fabrik vor der Stadt ab. Die Großmutter sprach halblaut Stoßgebete. An zwei erinnere ich mich noch: »Weiche, Satan!« und »Mein Jesus Barmherzigkeit!« Sie sah offenbar in der Zerstörung draußen das Wirken des Teufels und bat Jesus folgerichtig um Hilfe.

Dann war da die noch atmende Frau im hinteren Teil des Hofes. Sie trug ein geblümtes Kleid und blutete aus dem Bauch. Zwei ältere Männer hoben sie auf einen Leiterwagen – ich höre noch ihr Stöhnen und Seufzen – und fuhren sie ins Krankenhaus. Ich lief nebenher. Als wir am Krankenhaus ankamen, war sie tot.

Und die französischen Soldaten kochten im Garten am offenen Feuer Schnecken und aßen Weißbrot dazu. Die fremden Soldaten der »Besatzungsmacht«, wie die Erwachsenen sagten, gehörten bald zum normalen Straßenbild im kleinen Städtchen am Fuße des Nordschwarzwaldes.

Und immer wieder fällt mir der Mann im grünen Jägeranzug ein, der in der Nachbarschaft eine Bombe entschärfte. Ich schaute zu. Er trug eine Brille mit runden Gläsern. Wegen der Gefahr schickte er mich nach Hause. Meine Mutter erfuhr davon. Ich bekam eine Ohrfeige.

Heute erscheinen mir diese Erfahrungen der frühen Kindheitsjahre wie ein Schicksal, wie ein Verhängnis. Die Frage blieb, unter wechselnden Umständen:

Wer hat geschickt? Wer hat verhängt? Wir waren Überlebende.

Das erste Jahr nach dem Krieg war eine irgendwie zeitlose Zeit. Ich kann mich daran erinnern, wie der Vater aus der Kriegsgefangenschaft nach Hause kam. Eines Morgens stand er in der Stube. Er trug eine graue Uniform ohne Abzeichen. Und schaute mich lange schweigend an. Den Blick vergesse ich nicht. Die Mutter stand im Hintergrund. Es waren überhaupt fast nur Frauen da.

Langsam lief das sogenannte normale Leben wieder an. Ich kam in den Kindergarten. Zusammen mit den Kindern der Franzosen. Sie hatten Weißbrot mit Butter und Schokolade darauf. Ostentativ hielten sie das uns vor die Augen. Wir hatten feuchtes Maisbrot. Es stillte zwar das Hungergefühl, lag aber schwer verdaulich im Magen. In Erinnerung bleibt mir der Neid auf das Schokoladenbrot »der Franzosen«.

Einmal nahm mich der Vater mit zum Bahnhof. Dort standen die fauchenden Lokomotiven. Sie fuhren auf und ab. Der Vater kannte einen Lokführer. Der ließ mich ein Stück mitfahren auf dem Führerstand. Unbeschreiblich, dieses Gefühl von Macht. Der Lokführer war für mich wie ein Gott in der Maschine. Er hatte Macht über etwas Großes, das in Bewegung kam und in die Ferne fahren konnte. Die E-Loks von heute sind ein Dreck dagegen. Ich wollte Lokführer werden. Kurze Zeit später fuhr ich mit dem Vater in der Bergbahn auf den Merkur in Baden-Baden. Danach wollte ich unbedingt Bergbahnführer werden. Hoch hinauf. Raus aus dem flachen Land. Wer vieles überblickt, hat Übersicht.

Die Kindheitsjahre haben bleibende Eindrücke hinterlassen. Schmalhans war Küchenmeister. Und ich bekam nichts von selbst. Nicht einmal die Liebe und Zuneigung der Eltern. Ich musste etwas leisten dafür.

Die Jugendzeit war maßgeblich von der kirchlichen Sozialisation bestimmt. Wie selbstverständlich glitt ich in den Lebenslauf der katholischen Kirche hinein. Es gab keine Fragen. Es gab göttliche und kirchliche Gebote, denen »man« zu folgen, die man einzuhalten hatte. Basta. Unglaublich, wenn man die Situation heute bedenkt.

Die Welt war voller religiöser Zeichen und Symbole. Es gab faszinierende sinnliche Wahrnehmungen: Musik, die Gottesdienste, Hochfeste, Fastenzeiten, Gebetszeiten. Man wurde mit hineingenommen, schwamm mit. Es gab eine Stufenleiter der kirchlichen Hierarchie. Eine heilige Herrschaft. Ich war im mittleren Geschoss engagiert. Als Ministrant. Gottesdienste am laufenden Band. Liturgiehochbetrieb.

Dann auch die beginnende kirchliche Jugendarbeit: Gruppenführer, Zeltlager, Nachtwanderungen, Exerzitien. Als Führer einer Gruppe gehörte ich zum »Führungsstab der Pfarrgemeinde«, wie unser Pfarrer sagte. »Man« war wer!

Schwierig war in jenen Jahren die Frage der beginnenden Sexualität. »Reif werden und rein bleiben!«, hieß die grundsätzliche Order. Der Körper sprach eine andere Sprache. Die Seele auch. Dagegen stand das kirchliche Gebot, das sechste vor allem. »Treffen deine Augen auf der Straße ein Mädchen, so schlage sie nieder!«, hieß die Maxime unseres Pfarrers in dieser Hinsicht. Der gerade Weg bekam erste Dellen und Ausbuchtungen. Aber es waren nur Ahnungen.

Zum Ende der Kindheit und Jugendzeit war die innere und äußere Stimmung unsicher und wechselhaft. Gespaltenheit beherrschte mich. Es dauerte lange Jahre, bis ich mich aus einer kirchlich und bürgerlich grundgelegten Zwanghaftigkeit befreien konnte.

Wichtig wurden in jenen Jahren Freundschaften. Vor einer beginnenden Depression und Resignation retteten mich gute Freunde. Viele von ihnen waren Priester, die ihren Beruf ernst nahmen, mich an ihren inneren und äußeren Kämpfen teilhaben ließen. Wir wanderten und musizierten miteinander, lasen, diskutierten, stritten, gaben uns und anderen keine Ruhe.

Ohne die Freundschaften der Jugendjahre – aber auch ohne die späteren Freundschaften – wäre ich untergegangen im Sumpf der eigenen Innerlichkeit.

Ich wage zu sagen: Durch sie blieb ich am Leben. Denn es gab auch dunkle Punkte. Und die unlösbaren Fragen häuften sich, türmten sich auf, wurden zu steilen Gebirgen, abweisend, eisig, kalt.

In diesen Jahren wuchs immer mehr die große Sehnsucht nach Freiraum im Denken wie im Handeln, wuchs auch der Hunger nach Eigenständigkeit und Selbstvertrauen. Ich wollte wissen, was der wirkliche Sinn meines Lebens war oder sein sollte. Ob es einen Plan für mich gab, für mich, der ich mit leeren Händen dastand.

Ich gab mir einen Ruck nach dem anderen. Und kam schließlich auf den Weg, der auch noch heute bestimmend für mich ist: Suchen, suchen, suchen. Nach dem, was mich glücklich macht, machen könnte. Die Sesshaftigkeit überwinden. Unterwegssein. Nomadisch leben, um nicht festzubacken an dem, was ist. Etwas wagen. Etwas versuchen. Und nicht schon vorher zu fragen, ob es gelingt oder Sinn macht. Auf Einwände verzichten. Kurz gesagt: Etwas erfahren. Sich nicht mit dem zufrieden geben, was ist.

Das ist geblieben aus den Kindheits- und Jugendjahren. Das bin ich geworden und hoffe, es immer intensiver zu werden: ein Mensch, der Sehnsucht hat nach mehr.

Lea Ackermann
Ich war ein frommes Mädchen

Es ist für mich schon etwas ungewohnt, zurückzuschauen und mir die Frage zu stellen, wie ich wurde, was ich heute bin.

Geboren 1937, sehe ich auf alten Fotos unsere damalige Wohnung bei den Eltern meines Vaters. Er war Bauunternehmer und renovierte das Elternhaus meiner Mutter. Ich erinnere mich an viele Wege zu den Großeltern abends mit meiner Mutter. Ich weiß noch, dass wir viel gesungen haben. Zum Beispiel »Weißt du, wie viel Sternlein stehen an dem blauen Himmelszelt.« Noch heute, wo immer ich am Abend draußen bin und einen Sternenhimmel sehe, singe ich dieses Lied. In Mombasa am Strand viele Jahre später genauso wie heute bei einem Spaziergang am Abend. Mein Vater war inzwischen im Krieg und meine Mutter besuchte die Eltern des Vaters. Ich erinnere mich, dass meine Oma mit 50 Jahren schwarz angezogen war. Sie war wunderbar für Spiele, die sie abends mit mir spielte: »Mensch ärgere dich nicht« war eines davon. Und ich erinnere mich, dass meine sonst so fromme Oma so viel schummelte, wie sie nur konnte.

Dann war der Krieg schon nähergerückt. Mein Vater war schon lange im Krieg. 1941 wurden wir für ein ganzes Jahr von der Saar, direkt an der Grenze zu Frankreich, nach Klingenberg/Trennfurt am Main evakuiert. Ich habe nur gute Erinnerungen daran. Ein Foto zeigt mich hinten auf dem Fahrrad meiner Mutter, mit verbundenem Arm in der Schlinge. Ich war die Treppe bei meiner Freundin runtergefallen und hatte den Arm gebrochen. Auf einem dieser Besuche beim Arzt hatte ich den Fuß in die Speichen bekommen. Auch er war gebrochen.

Als wir nach Trennfurt kamen, war ich im Kindergartenalter. Dann war das Jahr vorbei. Wir fuhren wieder nach Hause. Daheim war unser Haus leer, alles ausgeräumt, die Möbel in der Nachbarschaft, der Garten verwildert. Der

Krieg war noch nicht vorbei. Immer wieder gab es Angriffe, Alarm ließ uns in den nächsten Unterschlupf rennen. Danach lagen Tote auf der Straße. Einmal, ich meine sie heute noch zu sehen, zwei Frauen, die in den Häusern gegenüber wohnten und sich oft über die Straße weg beschimpften, sehr zum Spaß von uns Kindern. Mich hat das sehr getroffen. Bis heute frage ich mich, was ihnen die Streiterei gebracht hat: den Spott von uns Kindern und dann unversöhnt den Tod.

Ein Jahr später, es war vielleicht 1943/44, mussten wir wieder unsere Heimat verlassen. Wir wohnten in einem kleinen Ort in der Nähe von Kassel. Ich war inzwischen schulreif. Ich erinnere mich nur schwach an ein Klassenzimmer, in dem wir alle in einem Raum zusammen waren. Einmal hatte ich dort ein gefährliches Erlebnis: Ein kleiner Bach war vor unserem Haus, begrenzt von einer Mauer. Auf beiden Seiten unterbrochen von Treppen zum Wasser. Es war ein Sport für uns, von einer Mauer zur nächsten zu springen. Ich war eine der Jüngsten und fiel prompt in den Bach und konnte mich nur am Ast eines Strauches am Ufer festhalten, bis man mich herauszog.

Dann geschah das Wunder. Eines Tages stand mein Vater vor der Tür. Er hatte uns gefunden. Aus Krieg und Gefangenschaft kam er zurück. In einem offenen Zugwaggon fuhren wir wieder in die Heimat. Ich hielt unsere Decke zum Trocknen in den Wind und ließ sie prompt los. Sie flog davon. Daheim fanden wir ein leeres Gebäude vor. – Der Wiederaufbau hatte etwas sehr Positives: mein Vater wieder zu Hause, die Großeltern wieder da. Im Nachhinein kann ich mich nur wundern, dass ich mich an keinen Moment der Angst erinnere, obwohl ich Angriffe im Bunker oder, weil zu spät, im Keller erlebte. Mir konnte ja nichts passieren, denn meine Mutter war ja immer da. Einmal, vor einem Großangriff auf Saarbrücken, sah ich die leuchtenden »Christbäume« am Himmel. Dann wurden Bomben abgeworfen.

Die anschließende Schulzeit ist mir nur verschwommen im Gedächtnis. Mit zwölf Jahren bin ich allein von Saarbrücken nach Essen gefahren. Ich war sehr stolz auf mich, solche Reisen allein zu machen. Sprachen wollte ich lernen. Nach der Schule, fand mein Vater, sollte ich die Banklehre machen, dann könnte ich ihm in seinem Unternehmen helfen. So habe ich bei der Landesbank drei Jahre die Banklehre gemacht und wurde nach dem Abschluss auch übernommen. Die nächste Herausforderung war die Möglichkeit, zum Aufbau der Schwesterbank nach Paris zu gehen. Auf diese Weise wollte ich mir meine Mitgift für den Klostereintritt erarbeiten. Die Auslandszulage war damals sehr hoch, und ich verdiente sehr viel Geld.

Aber mein ganzes Leben nur mit Geld zu tun haben, fand ich nicht attraktiv. Ich kam aus einem religiösen Elternhaus, und ich war ein frommes Mädchen. Meine schwindelnde Spiele-Oma war sehr eigenwillig fromm. Sie konnte jeden Morgen um sieben Uhr zur Messe gehen und am Sonntag nicht den Gottesdienst besuchen, weil sie keine passende Kleidung hatte. Einen Skandal damals für meine Mutter und mich. Heute finde ich: Meine widerspenstige Oma war sehr souverän gläubig.

Ich fand überhaupt, dass meine Heimat damals so satt religiös war. Ich nahm alles sehr ernst. Ein Beispiel: Ich war überzeugt, dass die Erwachsenen, sogar unser Pfarrer, die Worte Jesu nicht ernst nahmen. Es war »Volksmission« in unserem Dorf: Drei Priester kamen und hielten Ansprachen.

Die eine Ansprache nur für Erwachsene interessierte mich am meisten. Aber wir durften nicht in die Kirche. Ich organisierte alle Kinder im Umfeld. Wir liefen um die Kirche und brüllten: »Jesus hat gesagt: ›Lasset die Kinder zu mir kommen!‹ – und wir dürfen jetzt nicht in die Kirche.« Wir machten Rabatz, bis der Pfarrer kam und schimpfte.

Ich war schon sehr angetan von unserem Glauben und wollte das Evangelium dorthin bringen, wo es noch unbekannt war. Zum Beispiel nach Afrika. Meine Denke damals war schon naiv. Ich suchte mir eine religiöse Gemeinschaft aus, die versprach, alle ihre Mitglieder nach Afrika zu schicken. Angst hatte ich vor dem Gehorsamsgelübde. Dass die Oberen entscheiden würden, ich solle in Deutschland bleiben. Das Risiko wollte ich nicht eingehen. Bei den Missionsschwestern schien das keine Gefahr. So bin nach dem Jahr in Paris und einer kleinen Zeit mit meinen Eltern ins Kloster eingetreten.

2. Wortwechsel

Albus

Ich finde, Lea, dass du schon früh frech warst und wenig angepasst. Ich denke jetzt nur an die Geschichte, wie du vor der Kirche Rabatz organisiert hast. Diese Frechheit hat sich dann in deinem Leben bis heute fortgesetzt.

Ackermann

»Frech?« – Das halte ich für eine falsche Charakterisierung. Ich habe etwas eingesehen, war davon überzeugt und ließ mich da nicht so schnell irremachen. Das sehe ich noch nicht als »frech« an.

Albus
Ich will es anders sagen: Du hast dich gegen etwas aufgelehnt, was unsinnig, was verboten war. Du hast nicht alles einfach so an- und hingenommen.

Ackermann
Noch einmal: Frech ist nicht ganz zutreffend. Ich habe mich für etwas konkret eingesetzt, dass ich als richtig erkannt habe. Wenn ich erkannt hatte, dass Diebstahl schlecht ist, dann konnte ich leider nicht die Äpfel essen, die andere am Wege geklaut hatten.

Albus
Und dann bist du ins Kloster eingetreten. Dort warst zu strengem Gehorsam verpflichtet. Ich sehe bei dir immer wieder die Spannung zwischen Widerstand und Ergebung.

Ackermann
Ich bin ins Kloster, weil ich das richtig fand, was die Leute in unserem Dorf von den Kirchgängern sagten: »Die rennen jeden Sonntag in die Kirche und sind auch nicht anders als die anderen!« Und ich sagte mir: Wenn ich schon in die Kirche gehe, dann muss ich auch so leben, wie es im Evangelium vorgeschrieben ist. Mir erschienen viele Gläubige religiös so »satt«, dass sie außer dem Kirchgang gar nichts mehr interessierte. Und was ich für wichtig hielt, das wollte ich dann auch dorthin bringen, wo es noch niemand hingebracht hatte: nach Afrika. In die weite Welt hinaus. Dorthin

jedenfalls, wohin noch niemand das Evangelium gebracht hatte!

Albus
Der Krieg spielt in unseren Biografien eine Rolle. Gewalt also, die Menschen anderen Menschen im Kleinen wie im Großen antun.

Ackermann
Ja, wenn ich deine Erinnerungen an die Kindheit anschaue, dann sehe ich auch, dass du sehr viel Gewalt erlebt und erfahren hast. Auch innerfamiliäre Gewalt. Die habe ich nicht erlebt. Mag sein, dass das auch so war, weil bis zu meinem zwölften Lebensjahr der Vater keine Rolle gespielt hat. Er war im Krieg.

Albus
Das hat bei mir auch eine Rolle gespielt. Aber eine subtilere. Der Vater war im Krieg und in der Gefangenschaft danach. Ich bin im zarten Alter unter Frauen groß geworden: Großmutter, Mutter und Tanten. Deswegen bin ich aber auch nicht sanfter geworden. Die Frauen führten ein strenges Regiment. Männergetönt! – Ich bin unter einer strengen, kirchlich-bürgerlichen Blase groß geworden.

Ackermann
Das war bei mir auch so. Die Sphären waren getrennt. Zum Beispiel zwischen »evangelisch« und »katholisch«. Ich hätte nie einen evangelischen Jungen mit nach Hause bringen können. Obwohl ich einige evangelische Jungen sehr nett fand. Aber sie waren eben »evangelisch«! Punkt.

Albus
Zu einem verwandten oder naheliegenden Thema, das unsere Jugend heimlich-unheimlich beherrscht hat, über das aber ein Leichentuch gedeckt war: die aufkommende Sexualität. Das war der Rotlichtbereich. Kampf war angesagt. Und viel Verdrängung.

Ackermann
Ja, das war so. Immer auf Distanz! Ich habe als junge Erwachsene eine Wallfahrt gemacht, um Klarheit zu bekommen, ob ich mich verlieben kann.

Albus
Das find ich ziemlich schräg, um nicht zu sagen: aberwitzig.

Ackermann
Ja! – Aber das war so.

Albus
Ja, das war vermintes Gelände. Und dabei haben sich Bürgertum und Christentum eng miteinander verbunden. Den »bösen Trieben« war der Kampf angesagt. Wir hatten einen Kaplan, der verlangte von uns, beim Beichten als Erstes das sechste Gebot zu nennen. Das sei das wichtigste. Sexualität war in meiner Jugend ein versunkenes, dunkles Land. Es war allgegenwärtig und doch unter der Oberfläche versteckt.

Ackermann
Und von Stillschweigen bewohnt. Wie unter einem Bann. Ich habe in dieser Zeit nie einen Menschen nackt gesehen.

Albus
Das ist heute anders. Heute trägt man die Nacktheit zum Markte. Späte Reaktion auf das andere Gegenteil?

Ackermann
Ja, ich glaube schon.

Albus
Hast du als Jugendliche Sehnsucht nach der Ferne gehabt?

Ackermann
Ja, immer! Oh ja! – Ich habe mich sehr gefreut, dass ich – wie schon erwähnt – mit zwölf Jahren die erste Reise alleine, nach Essen, unternehmen durfte. Ich sollte die Patentante eines Kindes der Familie meines Onkels werden, die dort wohnte. Ich habe überhaupt keine Angst gehabt. Ich habe mich gefreut und konnte die Befürchtungen der Erwachsenen nicht verstehen.

Albus
Ich wollte schon früh raus aus der Enge. War viel draußen in der Natur. Heute erscheint mir das wie ein unbewusstes kindliches Handeln gewesen zu sein – gegen den kirchlichen und bürgerlichen Mief drinnen in der dumpfen Stube.

Ackermann
Ich wollte immer ein Geschwisterchen haben. Habe kleine Kinder gerne im Wagen ausgeführt oder mit ihnen geschaukelt.

Albus

Oh, ich habe auch eine Zeit lang einen Kinderwagen mit Puppen durch die Gegend gefahren. Und hörte dann sagen: »An dem ist ein Mädchen verloren gegangen.« – Das waren damals die Festschreibungen. Zum Beispiel: Frau hat Kind und Kinderwagen. Mann hat Auto.

Was mir noch auffällt: Du hast oft Trennungen und Ortswechsel erlebt.

Ackermann

Ja! – Das hatte bei mir mit dem Krieg zu tun. Wir waren ja, wegen der Bomben, zweimal evakuiert. Und jedes Mal, wenn wir heimkamen, war die Wohnung ausgeräumt, war alles leer. Und woanders mussten wir uns immer erst zurechtfinden. – Bei mir kam dann noch die Erfahrung durch die Grenze zu Frankreich dazu. Man konnte durch den Grenzwald zu meiner Tante gehen, musste aber aufpassen, dass man nicht erwischt wurde.

Albus

Für mich war das der nahe Oberrhein. Auch die Grenze zu Frankreich. Ich weiß noch, wie ich mit meiner Oma zum ersten Mal dort war. Ich hatte noch nie vorher einen so großen Fluss gesehen, war wie gebannt. Und die Großmutter sagte in die Stimmung hinein: »Dort drüben wohnen die Franzosen. Mit denen will ich nichts zu tun haben.« Als die Franzosen dann Besatzungsmacht bei uns waren und deren Kinder uns das gute Weißbrot mit Butter und Schokolade hinhielten und uns nichts davon abgaben, da ist, so glaube ich heute, zum ersten Mal ein Gefühl von Hass und Abneigung in mir aufgestiegen.

Ackermann
Als ich das bei dir gelesen habe, bin ich erschrocken, dass solche Gefühle, solches Verhalten schon bei Kindern aufkommen können!

Albus
Ja! – Später brachte mich das ins Grübeln. Offenbar ist so etwas in uns angelegt. Wenn ich später im Religionsunterricht hörte, dass wir als Ebenbilder Gottes geschaffen waren, dann musste ich daran denken. Und kam ins Grübeln über Gott. Erst zaghaft, dann entschiedener.

Ackermann
Ich sehe das heute als eine persönliche und gesellschaftliche Herausforderung an, unsere guten Anlagen zu entwickeln und die bösen zu guten umzuformen. Wir kommen ja nicht als fertige Wesen auf die Welt. Das gilt auch ganz persönlich für mich. Das Gute muss entwickelt werden, muss wachsen.

Albus
Was sind denn aus deiner Sicht gute, was schlechte Anlagen?

Ackermann
Ich wollte in der Schule immer die Beste sein. Ich war ehrgeizig.

Albus
Ist Ehrgeiz eine gute oder eine schlechte Anlage?

Ackermann
Damals habe ich das sicher als gute Anlage gesehen. Damals konnte ich damit auch meinem Vater imponieren. Mit guten Leistungen. – Aber ich lese bei dir, dass in deiner Familie nicht besonders liebevoll mit dir umgegangen wurde. Aber dann schreibst du, dass dein Vater dich auf eine Lokomotive gesetzt hat! Das ist doch eine sehr liebevolle Zuwendung! Oder nicht?

Albus
Heute sehe ich das auch positiv. Damals habe ich das nicht erkennen können. Vielleicht hat er mir unbewusst helfen wollen, weil er meine Enge, meine Angst auch, oft gespürt hat. Vielleicht hat er dadurch auch meine Sehnsucht nach der Ferne begründet. Oft geschehen Dinge, deren Sinn man erst nachher erkennt. »Was ist Glück? – Nachher weiß man es«, hat Arnold Stadler einmal geschrieben.

Vielleicht hat der Vater damit auch etwas über sich aussagen wollen. Als ich ihn im Sterben die letzten Tage und Nächte begleitet habe, hat er ziemlich deutlich von der Angst gesprochen, die ihm die strenge Mutter, seine Frau, gemacht hat. Wir waren heimliche Verbündete, denke ich manchmal heute. Zu den heimlichen Verbündeten zählte ich auch schon sehr früh die Oma. Die Mutter meiner Mutter. Sie war wie ein Widerlager, dass die Strenge der Mutter abpuffern konnte. Eine Fluchtburg manchmal, wenn es mir zu heftig wurde.

Ackermann
Meine Mutter war absolut nicht streng. Im Gegenteil. Sie war liebevoll und einfühlsam. Manchmal denke ich heute

daran mit einem leisen Vorwurf gegen mich selbst zurück. Ich habe das zu spät erkannt.

Albus
Wer waren denn aus heutiger Sicht, aus interpretierender Erinnerung nach einer langen Lebensstrecke, die Personen, die dich nachhaltig geprägt haben, die dich zu der werden ließen, die du heute bist?

Ackermann
Das war zuallererst meine Mutter. Aber dann – bewusster – war es meine Großmutter, die sehr fromm war, die jeden Werktag zur Messe ging, aber am Sonntag zu Hause blieb, weil sie nicht die nach ihrer Ansicht richtige Kleidung hatte. Ihre Souveränität hat mich geprägt.

Albus
Diese Souveränität entdecke ich auch immer wieder an dir. Sie ließ und lässt dich auch schwierige, ja gefährliche Situation bestehen. Du bist, so sehe ich dich schon lange, ein Mensch, der bei allen Zweifeln in sich ruht. Du bist diejenige, von der die »taz« einmal geschrieben hat, dass du, wärest du nicht in einen Orden eingetreten, Staatspräsidentin geworden wärest.

Ackermann
Was war für dich aus heutiger Sicht das Prägende?

Albus
Für mich war prägend die strenge Ordnung, die mich festgelegt hat, sowohl im kirchlichen wie im bürgerlichen Be-

reich, bestimmte Dinge zu tun zu bestimmten Zeiten. – Ja, Ordnung! Ordnung vor allem! – Es gab ein paar Menschen, die der Sehnsucht, aus dieser Enge herauszukommen, ein Gesicht gaben. Es waren die Freunde. Viele blieben und bleiben ein Leben lang Freunde. – Und eins noch: Ich wollte das Gute, das ich in der Kirche auch erfahren hatte, mitnehmen in die Weite, nach der ich Sehnsucht habe – bis heute.

Ist das nicht bei dir auch so?

Ackermann

Ja, das kann ich nur voll bestätigen. Das war und ist auch bei mir so.

3. Wer bin ich denn?

Lea Ackermann

Ich weiß es nicht immer

Das ist eine Frage! – Wer bin ich denn? – Ich weiß es nicht immer. – Lebe ich mit mir und anderen in Übereinstimmung? Stillschweigend oder ausdrücklich? – Höre ich in mich hinein, dann fallen mir Geschichten ein. Sie steigen einfach in mir auf.

Vor vielen Jahren, während des Studiums, nahm ich an einem Seminar für Kommunikationstraining teil. Dabei geriet ich mit einem Mitglied dieser Gruppe in Streit. Beim Rollenspiel. Es ging um ein neues Auto, das an einen der Werkbeschäftigten gegeben werden sollte, der es am ehesten verdiente oder auch brauchte. Ich hatte die Stelle des Werkleiters inne, und es war für mich klar, dass mir das Auto zustand. Aber alle meine guten Argumente, die ich vorbrachte, hat dieser eine Kollege, der selbst gar nicht so sehr am Auto interessiert war, ausgehebelt. Ich war richtig sauer. Ich weiß nicht mehr, ob ich es dann bekam oder nicht. Aber danach, in der Freizeit, hat es mich noch mehr empört, weil er das Ganze als ein Spiel sah. Für mich war es eher ernst.

Ich glaube, dass ich inzwischen gelernt habe, über Gegenargumente nachzudenken. Aber wenn ich etwas als richtig erkannt habe, dann setze ich mich gegen alle anderen Argumente entschieden dafür ein. Vor allem aber, wenn ich sehe, dass anderen Unrecht angetan wird. Dann fühle ich mich mit mir identisch.

In meiner Afrika-Zeit war ich Lehrerin und Direktorin im Lehrerinnenseminar in Nyanza/Ruanda. Ich hatte nicht mitbekommen, dass es wegen der Rassenzugehörigkeit zu Mobbing kam. Mit der Abgangsklasse, den zukünftigen Lehrerinnen, machten wir Exerzitien-Reflexionstage bei den Benediktinern. Und da die jungen Frauen nur ihr Heimatdorf und unsere Schule kannten – es gab nur zwei Schulen dieser Art im ganzen Land –, fuhr ich während der Reflexionstage immer mit zwei Mädchen in die nahe gelegene Stadt. Einmal auf dem Rückweg verfuhr ich mich. Es ging nur über Waldwege. Als ich verspätet zurückkam und mich dafür entschuldigte, sagte ein Mädchen: »Wir sind ja froh, dass nicht mehr passiert ist.« Ich fragte nach und bekam heraus, dass das eine Mädchen, das mitgefahren war, einem Stamm angehörte, der – so glaubten die Leute – Unglück bringt. Zurück in unserer Schule, beraumte ich eine Aussprache mit den Schülerinnen an. Danach wurde mir der Kreuzweg dieser jungen Frau in unserer Schule richtig bewusst: Wer morgens als Erste mit ihr sprach, hatte Unglück.

Und so ging es den ganzen Tag weiter. So war sie ständig isoliert. Es war Freitag, und ich holte die Schülerinnen dieser Klasse zusammen und sprach ihren Glauben als Christinnen an: »Wenn ihr euch nicht vornehmt, mit ihr zu reden, dann verbiete ich euch, am Sonntag in die Kirche zu gehen.« Wenn der Bischof von dieser Sanktion gehört hätte, wäre ich sicher von der Schule geflogen und hätte meine Koffer packen können. Ich war wie erlöst, als die Klassenerste mich am Samstagabend in die Klasse zum Gespräch rief und alle mir versicherten, dass sie eine Aussprache hatten und mit allen darüber einig sind, mit Therese jetzt jederzeit zu reden.

Wie bin ich zu der geworden, die ich später war und heute bin? – Ich konnte meine Überzeugungen leben! Und wenn sie falsch waren, dann konnte ich mich im Gespräch damit auseinandersetzen. Aber nie wurde ich mit Gewalt oder Schlägen zur Einsicht gebracht, sondern durch Reden.

Meine Mutter hatte Zeit für mich, und so brauchte ich nicht in den Kindergarten zu gehen, weil ich dort, wie ich meinte, nicht ernst genommen wurde.

Nicht alles, was ich sagte und tat, wurde akzeptiert. Ich wurde auch geschimpft. Mir tat es auch sehr leid, wenn ich einsah, dass ich mich falsch verhalten hatte. Dann entschuldigte ich mich.

Ich hatte einen Cousin, einige Jahre älter als ich, der hinter der Grenze in Frankreich lebte. Er wollte Priester werden und trat ins Priesterseminar ein. Aber bei einer Ferienbegleitung von Kindern lernte er eine junge Frau kennen, und er trat wieder aus, um sie zu heiraten. Ich war diejenige in der Familie, die sich am meisten darüber aufregte. Warum? – Weil ich der festen Überzeugung war: Wenn man dem lieben Gott etwas versprochen hat, dann muss man es auch halten. – In diesen Jahren habe ich viele nette Menschen kennengelernt, aber verliebt war ich nicht. Das heißt: Ich habe schon für einige junge Männer geschwärmt. Einige meiner Freundinnen waren in festen Bindungen. Ich erschrak und fragte mich: War ich zu arrogant? – Um mich besser kennenzulernen und zu wissen, ob ich mich verlieben konnte, machte ich eine Wallfahrt nach Lourdes mit und kam zurück – verliebt in den Reiseleiter. Er war auch sehr charmant zu mir. Sein Reisebüro war ganz in der Nähe meiner Arbeitsstelle, der Bank. Und so konnten wir uns oft mittags oder abends verabreden. Jetzt war es für mich klar: Ich konnte mich verlieben. Also konnte ich auch ins Kloster gehen. Ich bewarb mich dann eben bei der Gemeinschaft, die mir versicherte, dass alle ihre Schwestern nach Afrika zum Arbeitseinsatz kamen. Damit war für mich eine große Angst aus dem Weg geräumt: ins Kloster zu gehen und dann nicht mehr die große weite Welt zu sehen. – Im Rückblick kann ich nur dankbar sein, dass mich meine Eltern so frei erzogen, aber mir auch Prinzipien mitgegeben haben.

Wer bin ich denn? – Ich will frei und gleichzeitig gebunden sein. Die rechte Mischung von beiden zu finden und zu leben, ist zuweilen ganz schön stressig.

Michael Albus

Manchmal bin ich mir auch fremd

Vom Philosophen Arthur Schopenhauer (1788–1860) wird folgende Geschichte erzählt: Er pflegte des Nachmittags, wenn er die Denkarbeit des Tages beendet hatte, in Frankfurt vor der Stadtmauer spazieren zu gehen. Und dabei weiter nachzudenken. Einmal verpasste er die Schließung des Stadttors. Folglich musste er den Wächter herausrufen, um Einlass zu bekommen. Der fragte ihn: »Wer sind Sie?« Die Antwort Schopenhauers: »Das würde ich auch gerne wissen!«

Wer bin ich denn? – Diese Frage stelle ich mir oft. Sie drängt sich mir auch manchmal auf. Ich habe bis heute keine befriedigende und klare Antwort darauf. Ich kann ein paar Charakterzüge erkennen, ein paar Grundeinstellungen und Grundverhaltensweisen. Aber viel mehr auch nicht. Manchmal bin ich mir auch fremd, verstehe mich überhaupt nicht mehr.

Bin ich meines Glückes oder meines Unglückes Schmied?

Verfüge ich über die Fähigkeit, selbstbestimmt und relativ frei zu leben?

Oder bin ich Spielball eines unbekannten Schicksals, das so oder so über mich hereinbricht?

Warum bin ich überhaupt da?

Warum gibt es überhaupt etwas und nicht nichts?

Bin ich ein Zu-Fall? Oder ein Un-Fall? Oder ein hoffnungsloser Fall?

Warum ist das Glück so flüchtig und das Unglück so sesshaft?

Der Spielraum meines Lebens ist eng. Eng kommt von Angst. Kann ich angstfrei leben? Fakt ist: In der Welt habe ich Angst. Und ich sehe, dass es den anderen Menschen auch so geht. Und dann ist da eine Religion, die sagt: »In Ängsten … und siehe, wir leben!« (Neues Testament, 2. Korintherbrief, Kapitel 6, Verse 3–9). – Kann ich in Ängsten leben?

Was »brauche« ich zu meinem Glück?

Soll ich Widerstand leisten gegen alles, was das Glück bedroht?

Soll ich mich ergeben, wo offenbar nichts mehr oder nicht mehr viel zu machen ist?

Manchmal werde ich mir ganz zur Frage. Existiere nur noch als Fragender. Dann höre ich die Antworten: Das ist halt so! Damit musst du dich abfinden! Es bleibt dir/uns ja gar nichts anderes übrig. Schicksal! – Schicksal?

Zuweilen habe ich den Schicksalsring durchbrochen. Und dann einen Sinn gefunden. Habe mich leidenschaftlich und konsequent für etwas oder jemanden eingesetzt. Das hat Sinn gemacht: zu sehen, dass dadurch eine andere oder ein anderer wenigstens für eine kurze Zeit glücklich wird. Aber auch das blieb vorläufig.

Wenn ich über die Lebensstrecke, die ich bis jetzt gegangen bin, schaue, dann kann ich ziemlich sicher sagen: Das Vorläufige, das, was hier gemacht und geleistet werden kann, ist das Endgültige. Mehr geht nicht. Auch nicht für die Ewigkeit.

Ich lese gern Biografien. In der Hoffnung, etwas zu entdecken, das mir bekannt vorkommt. Vieles kommt mir fremd vor. Und doch beeindrucken mich Menschen, die »es« geschafft haben. Auch wenn sie sahen, dass es nicht zu schaffen ist. Viele meiner Vorbilder waren und sind Menschen, die leidenschaftlich gegen Windmühlenflügel gekämpft haben. Tapfer. Unbeirrt. Ohne lange zu analysieren oder endlos zu fragen. Die sich schämten beim Anblick einer Not. Die nicht nur den großen Wurf diskutierten und es sich im Gestrüpp der Theorien, im Eisverhau der billigen Einwände bequem gemacht haben. Theorieverliebtheit als

Alibi fürs Zuschauen. Theologen sind besonders anfällig dafür. Sah es – und ging vorüber.

Was wünsche ich mir für mein Leben?

Womit kann ich glücklich und zufrieden sein? Zum Frieden sein?

Dankbar bin ich – wem oder was auch immer –, dass ich geduldig sein gelernt habe. Das war nicht einfach. Und bleibt auch nicht einfach. »Sehet sie, ach, die Geduld!« (Bach, Matthäuspassion).

Dankbar bin ich, dass es in meinem Leben ein paar Menschen gegeben hat und immer wieder gibt, die mir Vorbilder waren. Denen ich nach-folgen konnte, ohne mich selbst aufzugeben und zu verlieren. Die mir die Freiheit, vorläufig zu sein, nicht nahmen. Die kleine und die große Freiheit. Die in mir das Feuer, nein, besser die Glut und den Mut und die Wut wachhielten, ins Unbekannte, ins Offene zu gehen. Die mir vertrauten, sich auf mich einließen – sich auch auf mich verlassen konnten und können.

Aber da ist noch eine Geschichte. Im Religionsunterricht, in der kirchlichen Praxis, in die ich anfangs fraglos hineingewachsen bin, hat man uns gebetsmühlenartig gesagt: »Du sollst deinen Nächsten lieben, du sollst deinen Nächsten lieben, du sollst deinen Nächsten lieben …« Und spät erst habe ich begriffen oder entdeckt, dass der zweite Teil des Satzes in der Bibel ausgelassen wurde: »wie dich selbst«, wie mich selbst. – Da ist etwas schiefgelaufen. Für einige Generationen. Auch für meine.

Wer bin ich denn?

Ich bin einer, der sich selbst lieben möchte, damit er andere überhaupt lieben kann. Der Ja sagen möchte zu sich. Der seine Eigenständigkeit bewahren oder erlangen kann.

Bei aller Liebe. Bei aller Fremdbestimmung. In aller Sichtbarkeit und in aller Aussichtslosigkeit.

Nüchtern leidenschaftlich.

Leidenschaftlich nüchtern.

Einer, der etwas erfahren möchte.

Und aus seinen Erfahrungen etwas »machen« möchte.

Ein Mensch eben. Ein Mann. Vorläufig. Nicht fertig eben.

II
Wir werden älter, wir werden alt

Es ist wenig Raum zwischen der Zeit,
wo man zu jung, und der, wo man zu alt ist.
Charles de Montesquieu (1689–1755)

1. Wie und woran spüren wir das Alter?

Lea Ackermann
Ich spüre, dass ich noch eine ganze Menge erledigen muss

Ich bin alt. Es ist mir oft so, als würde ich das gerade eben erst feststellen. Mit der Zahl meiner Jahre habe ich schon relativ früh geflirtet. Wenn ich ehrlich bin, eigentlich so: »Ich bin schon 70, aber ich fühl mich doch noch nicht alt.« Mit Worten zum Ausdruck gebracht habe ich das immer ein bisschen anders. – Und mich gefreut, wenn mein Gegenüber dann erstaunt feststellte, dass er oder sie dies aber nicht vermutet hätte. Das tat meiner Eitelkeit gut.

Heute – nach dem 80. Geburtstag – »weiß« ich unwiderlegbar: Ich bin alt! – Ich kann, zum Beispiel, nicht mehr so schnell gehen, mein Bewegungsapparat macht mir Probleme. Und ich versuche alles, um das, was ich innerlich weiß, nach außen nicht so sichtbar werden zu lassen. Es zu kaschieren. Ein wenig zu schummeln.

Ich bin alt geworden, fast ohne es zu merken oder es wirklich wahrhaben zu wollen. Aber jetzt weiß ich wirklich und wahrhaftig: »ICH BIN ALT.« Da schwingt auch eine gewisse Wehmut mit. Denn die Zeit, die noch vor mir liegt, ist nicht mehr so lang wie früher. Und ich spüre, dass ich noch eine ganze Menge erledigen muss. Vor allem aufräumen. – Ich habe im Laufe meines langen Lebens so viel angesammelt, weil vieles mir ans Herz gewachsen ist. Zu schade zum Wegwerfen! Vieles davon sollte auch meine Erinnerung wachhalten. Die vielen Fotoalben, die ich nach jeder Reise oder von Familienereignissen angelegt habe. Alte Korrespondenz auch. Viele liebe Menschen, die mir geschrieben haben, sind schon tot. Aber ich will sie immer noch lebendig halten und durch ihre Briefe gegenwärtig wissen.

Reisen, die große weite Welt sehen, die Schöpfung Gottes bewundern, das war für mich, seit ich mich erinnere, sehr wichtig. Ich litt immer unter Fernweh.

Heimweh habe ich kaum gekannt. Aber nun beginnt das Reisen seine Attraktivität für mich zu verlieren.

Vor Kurzem bekam ich eine Einladung nach Athen zu einer Tagung. Ich habe mich sehr darüber gefreut. Und habe gleich eine Freundin aus Kindertagen, eben auch alt, angerufen und ihr davon erzählt. Und sie gefragt, ob sie mitkommen möchte. Sie ist Witwe, war mit einem Griechen verheiratet und hat einige Jahre in Athen gelebt. Sie war sofort begeistert davon und vertraute mir an, dass sie heimwehkrank nach Athen ist. Aber keine ihrer Freundinnen hatte Lust mitzukommen. Was ich vergessen hatte: Sie war noch zwei Jahre älter als ich und schon etwas gebrechlich.

Die Tagung war sehr interessant und der Aufenthalt schön. Aber wir haben längst nicht so viel gesehen, wie wir uns eigentlich vorgenommen hatten. Wir waren eben nicht mehr so flott zu Fuß wie früher. Und Wege mit viel Steinen wollte meine Freundin lieber vermeiden. Dennoch hat sie einen Bordstein übersehen und kam mit einer Prellung am Fußgelenk im Krankenwagen zurück ins Hotel. Sie hatte den Ausflug alleine unternommen, während ich noch im Seminar war. Sie war sehr mutig und ging am nächsten Tag noch einmal mit mir los, um mir die Stadt zu zeigen. Dabei ignorierte sie, so gut es ging, den Schmerz im Gelenk.

Eine neue Reise steht mir bevor, dieses Mal nach Rom. Ich freue mich mit gemischten Gefühlen. Mir kommen plötzlich Gedanken, die ich früher gar nicht kannte: »Bin ich rechtzeitig am richtigen Gleis? Oder in der richtigen Abflughalle? Habe ich auch ›alles‹ dabei, alle Papiere, alle Unterlagen?« Bislang waren mir solche Überlegungen oder Fragen eigentlich fremd. Das macht mir schon ein wenig Angst.

Viele Dinge werden plötzlich so anders. Ich gehe einkaufen – aber was wollte ich denn eigentlich kaufen? Morgen werde ich alles genau aufschreiben! – Aber wo habe ich dann den Einkaufszettel? – Dass ich unsicher bin, will ich natürlich nicht zugeben.

Meine größte Sorge ist mein nachlassendes Gedächtnis. Wenn mir dann die liebsten Menschen immer wieder sagen: »Das habe ich dir aber schon gesagt!«, »Tu nicht so, als hätten wir nie darüber gesprochen!« Und: »Du warst doch einverstanden damit!«

Noch etwas, was aufs Erste scheinbar mit der Frage nach dem Älterwerden und Altsein vordergründig nichts zu tun hat: Es stört mich, wenn ich beobachte, dass die Menschen heute weniger miteinander reden als früher. Sie haben das Handy oder wie Technik sonst noch bei ihnen verortet ist. – Eine Familie steigt, zum Beispiel, in den Zug: Vater, Mutter und drei Kinder, geschätzte sechs, acht, zehn Jahre alt. Alle fünf sind mit moderner Technik ausgestattet. Auf dem Weg Frankfurt – München wurde kein Wort gewechselt. Als das kleinste Kind herummeckerte, griff die Mutter in eine volle Tasche, eigentlich ohne groß aufzusehen, und legte jede Menge an Essen auf den Tisch. – Dann war sie wieder in ihr Handy vertieft.

Oft kann ich diese Situation nicht ertragen, ohne eine Bemerkung anzubringen. So kam ich einmal in den Sprinter von Berlin nach Frankfurt und nahm den letzten freien Platz noch ein. Ich grüßte laut und vernehmlich. Ein schwaches Murmeln könnte vielleicht eine Antwort gewesen sein. Da ich noch nichts gegessen und am Bahnhof mehr als notwendig eingekauft hatte, legte ich alles auf den Tisch und sagte laut und deutlich: »Ich habe Hunger und zu viel eingekauft, wer will, greife zu!« Ein junger Mann zog die Stöpsel aus den Ohren und sagte »Ach, ich habe auch was dabei.« Und legte es dazu. Auch andere machten dann noch mit. Am Ende waren es, neben einer älteren Frau, vier junge Frauen und Männer. Wir unterhielten uns bis Frankfurt. Plötzlich sagte einer der jungen Männer: »Ach, wir sind ja schon in Frankfurt, so schnell verging die Zeit noch nie.« Am nächsten Tag bekam ich sogar eine Mail mit einem Dankeschön für die interessante Fahrt. – Sollten wir Alten die Jungen nicht doch öfter herausfordern, ohne aufdringlich zu werden?

In Afrika habe ich erlebt, dass das Alter sehr geschätzt ist und die Weisheit der Alten geradezu verehrt wird. Als ich mit 30 Jahren in Ruanda als Lehrerin und Leiterin der Schule eingesetzt war und einen guten Kontakt mit meinen Studentinnen hatte, nannten sie mich »umuketcheru«, das heißt »Alte«. Ich war entsetzt! – Bis ich erfuhr, dass das eine Ehrenbezeichnung ist. Alter wird in vielen Ländern Afrikas auch heute noch mit »Weisheit« in Verbindung gebracht. Alte Menschen können Rat geben in vielen schwierigen Situationen.

Industrieländer kennen diese Einstellung leider nicht. Bei ihnen zählt die Jugend. Ihr Blick ist nach vorne gerichtet. Neues entdecken ist wichtig. Früher waren »wir« ja in vielen Dingen so dumm! Heute »wissen« wir »es«. – In Afrika wird die Tradition geschätzt und damit werden es auch die Alten. Sie, die schon so viel erlebt und bewältigt haben.

An beiden Einstellungen ist viel Richtiges. Eine unserer großen Chancen heute ist, dass wir, wenn wir uns offen begegnen und wenn wir nicht arrogant sind, viel voneinander lernen können: in der Begegnung von Jung mit Alt und mit anderen Kulturen.

Wenn ich solche Chancen wahrnehme und wahrnehmen kann, dann fühle ich mich ganz jung und gar nicht alt. Obwohl ich natürlich alt bin.

Michael Albus
Es war. Einmal. Wiederholung ausgeschlossen

Wir werden älter. Das »Wir« ist mit Absicht gewählt. Es ist nicht nur ein individueller Prozess, dass ich älter werde.

Nein, demselben Schicksal unterliegen alle Menschen, alle Lebewesen, die gesamte Schöpfung. Vielleicht wird »Gott« sogar älter? – Älter werden und schließlich alt sein sind unser Los, unser Schicksal. Ob wir damit einverstanden sind oder nicht!

Älter wird man. Alt ist man. Mit einem Mal stellt man es fest. Älter werden ist ein schleichender Prozess. Er geht langsam voran. Und mit einem Mal »weiß« ich: Ich bin alt geworden. Älter werde ich. Alt bin ich. Die einen tragen es mit Würde. Die anderen leisten Widerstand.

Gegen das Älterwerden und Altsein kann man nicht in Berufung gehen. Kann man nicht um Aufschub bitten. Man(n) wird es. Man(n) ist es. Frau auch. Eine Art Geschlechtergerechtigkeit.

Alter ist dem Sterben und dem Tod am nächsten. Deswegen wiegt das Alter auch so schwer. Hängt an einem wie ein Bleigewicht. Bremst die Schritte. Beugt den Rücken. Macht kurzen Atem. Auch die jungen Alten bleiben davor nicht verschont. – Ich vergesse nie den alten Japaner, weit über 80 Jahre alt, der mir als Pilger auf dem Weg zum Gipfel des Fujiyama begegnet ist. Er kam mir entgegen. Ich war im Abstieg nach einer kurzatmigen Kopfwehnacht auf dem Gipfel: Er schaute mich an, mit durchdringendem Blick, blieb stehen für einen Augenblick, holte tief Luft und sagte zu mir: »Too old!«, »Zu alt!« Dann ging er weiter. Nach oben. Ich hatte für einen Augenblick »gesehen«, was mich erwartet. Ich habe es damals verdrängt.

Wie und woran bemerke, spüre ich, dass ich älter werde? – Da gibt es einmal die bekannte Tatsache, dass alles nicht mehr so schnell geht wie ehedem. Dass andere schneller sind. Denen sage ich dann beschwichtigend oder um

Gnade bittend: »Ein alter Mann ist kein D-Zug!«. Heute: Kein IC. Geschweige denn ein ICE. Verspätung garantiert!

Die widerständige Entdeckung der Langsamkeit ist eine mögliche Beschreibung oder Erfahrung des Älterwerdens. Gemächlichkeit ist eine der euphemistischen Kennzeichnungen dieses schleichenden Faktums. Und manchmal steigt in dieser Zeit der Gedanke auf: War überhaupt nicht alles zu schnell? Das ganze Leben, das ich führte bisher oder zu führen gezwungen war – im Hamsterrad? Müßig sind solche Gedanken. Es war. Einmal. Wiederholung ausgeschlossen. Leben ist einmalig.

Zur Erheiterung angesichts dieses unumstößlichen Faktums und zur Entkrampfung kommt mir das Erlebnis mit Karl Rahner, dem großen Theologen, in die Erinnerung. Ich hatte während der Jahre, als die Diskussion in unserer Gesellschaft über die Reinkarnation, die Wiedergeburt, aktuell war, für eine TV-Sendung ein Kurzinterview mit ihm zu machen. Die Frage, die ich ihm stellte: »Glauben Sie an die Reinkarnation, an die Wiedergeburt?« Die Antwort: »Nein!« – »Warum nicht?« Seine lapidare Antwort: »Einmal reicht!«

Eine weitere und schon weiterreichende Erfahrung des Älterwerdens: Es ist nicht mehr alles so wichtig. Manches, was mir früher noch des Festhaltens oder der Verfolgung wert war, lasse ich einfach laufen. Dahinter vermute ich stillschweigende Kriterien, die sich allmählich zu einem Schatz an Erfahrung angereichert haben. Aber umso gewichtiger wird die Frage: Was ist mir *noch* wichtig? In der kürzer werdenden Zeit, die ich noch leben darf oder zu leben habe?

Daraus ergibt sich die Erfahrung: Ich verbleibe länger an einer Sache, bevor ich den Schauplatz wechsle. Ich denke eindringlicher nach als früher. Wäge mehr ab. Gewichte vor- und rücksichtiger. Manchmal so, als ob das Letzte auf dem Spiel steht. Ich spüre ein unheimliches Drängen und Drücken aus dem Hintergrund oder aus der Tiefe. Etwas, das da ist und ins Licht drängt. Manchmal ist auch Angst dabei. Eine unheimliche Angst. Sie einzugestehen, erfordert Mut.

Noch eins: Ich ziehe häufiger Bilanz als früher. Keine Erfolgskontrolle. Keine Kosten-Nutzen-Rechnung. Nein. Eher die Frage: Hat es mir oder einem anderen, der mir viel wert ist, gutgetan oder nicht, was ich mit ihm und mit mir veranstaltet habe? Das sind Blicke in die Nähe. Manchmal entpuppt sich die Nähe als Ferne.

Ein anderes ist es mit der Zeit. Sie ist mir kostbarer geworden in vergangenen Jahren. Für mich und für andere. Gleichviel, ob es sich, zum Beispiel, um alte oder neue Freundschaften handelt.

Zeit ist ein langsamer gewordener Fluss. Manchmal schwimmt Treibeis auf ihm. Manchmal poltern die Steine in das Flussbett. Es gibt verschiedene Temperaturen und Fließgeschwindigkeiten. Ihren Wechsel oder ihre Abfolge bestimme ich nicht mehr mit. Einverständnis ist mehr gefragt. Anpassung. Nicht Brachialgewalt.

So wird das langsam anders. Es ist kein geordneter Prozess, das Älterwerden. Es ist manchmal ein Geschiebe und ein Gedränge. Auch eine Leere und eine Fülle. Ein Warten. Ein Ausschauen. Ein Ausstrecken. Ein Sehnen. Ein ziehender Schmerz und eine vorsichtige Hoffnung.

Und wann bin ich alt? Das ist ein ganz anderes Thema als das Älterwerden. Noch nicht, meine ich. Noch wehre ich mich gegen das Beiseiteschieben. Noch lasse ich mich nicht in die Abstellkammer verbannen. Ein Pflegefall aber bin ich schon lange. Ist man das nicht schon das ganze Leben lang von der Geburt bis zum Tod – mit der Sehnsucht, geliebt zu werden und der sein zu dürfen, der man ist und der man wird? Immerzu wird. Ach ja, das ist nun keine Erfahrung des Älterwerdens: der Pflege wert zu sein. Wertgeschätzt zu sein. Ohne das wird das Älterwerden trostlos und das Alter eine einzige Katastrophe. Davor habe ich eine untergründige Angst.

Jedenfalls ist das Älterwerden kein Vorgang, der mich in die Bequemlichkeit führt. Das wäre mein vorzeitiger Tod und würde das Älterwerden nur noch zu einem Sterbeprozess werden lassen. Ich will noch etwas tun! Etwas gestalten! Für etwas oder jemanden da sein!

Zuletzt möchte ich mein Älterwerden abgeben dürfen. Am liebsten an den großen Unbekannten, den wir – völlig unzureichend – GOTT nennen. Und an dem ich oft zweifle. Mit den Worten einer großen und klugen Frau, Teresa von Ávila (1515–1582):

»O Gott, du weißt besser als ich, dass ich von Tag zu Tag älter werde. Bewahre mich vor der Einbildung, bei jeder Gelegenheit und zu jedem Thema etwas sagen zu müssen. Erlöse mich von der großen Leidenschaft, die Angelegenheiten anderer ordnen zu wollen. Lehre mich, nachdenklich, aber nicht grüblerisch, hilfreich, aber nicht diktatorisch zu sein. Bei meiner ungeheuren Ansammlung von Weisheit erscheint es mir ja schade, sie nicht weiterzugeben – aber du verstehst, o Gott, dass ich mir ein paar Freunde erhalten möchte. Bewahre mich vor der Aufzählung endloser Einzelheiten und verleihe mir Schwingen, zur Pointe zu gelangen ... Erhalte mich so liebenswert wie möglich. Ich möchte kein Heiliger sein – mit ihnen lebt es sich so schwer –, aber ein alter Griesgram ist das Krönungswerk des Teufels. Lehre mich, an anderen Menschen unerwartete Talente zu entdecken, und verleihe mir, o Gott, die schöne Gabe, sie auch zu erwähnen.«

2. Wortwechsel

Albus

Am Anfang deines Textes, Lea, hat mich eine Bemerkung berührt, einerseits belustigend, andererseits auch ernsthaft. Du hast gesagt, du habest zwar Probleme mit dem Älterwerden, würdest aber immer noch ein wenig »schummeln«, wenn es in der Öffentlichkeit um dein wahres und wirkliches Alter ginge. Du willst also nicht so alt sein, wie du wirklich bist. Du bist jetzt, zum Zeitpunkt dieses Wortwechsels, 82 Jahre alt. – Wieso schummelst du eigentlich? Zumal du wirklich nicht aussiehst wie eine »alte Hutzel«, so hat man früher daheim im Schwarzwald zu uralten Frauen gesagt. Da verstehe ich dein Schummeln noch weniger. – Warum schummelst du eigentlich?

Ackermann

Mhm! – Ich habe schon das Gefühl, dass ich doch nicht ganz ehrlich mit dem Alter umgehe. – Ich will, wenn ich zum Beispiel in öffentlichen Diskussionen bin, auf der Höhe der Zeit sein. Und da ist so ein Schummeln mit dabei. Nach außen gesehen: Ich kleide mich so, dass es vorteilhaft aussieht, dass ich vorteilhaft aussehe und so erscheine. Und nicht unbedingt als »alt«. Meine Großmutter hat, als sie 50 Jahre alt war, keine Farbe mehr, nur noch schwarz getragen. Meine Mutter war schon, Gott sei Dank, ein wenig anders. Und ich will einfach das anziehen, von dem ich der Meinung bin, dass es mir steht. Ich bin eitel. Das empfinde ich als Schummeln. Schummeln als Vortäuschung nicht ganz richtiger Tatsachen.

Albus
Ich habe Lust, ein wenig tiefer zu bohren. Es ist ja nicht nur die weibliche Eitelkeit. Die ist bei Männern auch vorhanden. Ich meine, dass es ein Sich-Wehren gegen etwas ist, das unausweichlich kommt …

Ackermann
Ja, das ist wirklich wahr! Und das ist mir erst gestern aufgegangen, um nur ein Beispiel zu nennen: Ich war in Trier und habe bei einer kirchlichen Veranstaltung einen Vortrag gehalten. Als ich aufstand und zum Pult ging, habe ich gemerkt, dass meine Beine unsicher sind. Da habe ich mich dann so zusammengerissen, dass das niemand bemerkt hat.

Albus
Willst du einem Bild entsprechen, dass du von dir machst oder das von anderen gemacht worden ist oder immer wieder gemacht wird?

Ackermann
Nein! Ich möchte »sicher« auftreten können. – Vielleicht muss ich das hinzufügen: Ich war dann auch noch bei meinen Mitschwestern von früher, die in einem Altenheim in Trier wohnen. Es sind ungefähr zwanzig alte Schwestern. Dieser Besuch hat mich schon erschüttert. Sie haben schöne Räume, schöne Zimmer, sind auch gut versorgt. – Das ist es nicht.

Da war eine Schwester, sie war gefallen – blau und rot im Gesicht. Sie war 98 Jahre alt. Die andere Schwester saß im Rollstuhl. Sie war meine ehemalige Provinzialoberin. Ich bin auf sie zugegangen und habe sie laut angesprochen: »Ach Elfriede!«– Sie hat mich ungerührt angeschaut. Da habe ich gemerkt, dass sie gar nichts mehr mitbekommt. So ging es von Zimmer zu Zimmer. Da war schon ein Schreck in mir. – Ich habe gedacht, zu mir gesagt: »Lieber Gott, lass mich noch arbeiten, solange ich kann. Dann aber nimm mich ganz schnell hinweg!« – Früher habe ich mir immer vorgestellt, dass dann, wenn ich nicht mehr schaffen kann, ich mir meine Bücher dorthin mitnehme und lese, lese, lese, ohne Ende. Und jetzt spüre ich schon, wie meine Augen schlechter und schlechter werden, wie die Sehkraft nachlässt.

Albus
Noch einmal frage ich: Warum wehrst du dich gegen das Älterwerden? Ich meine, dass da ganz unbewusste Vorgänge und Abläufe mit im Spiel sind, wenn man sich wehrt. Nicht nur, weil es in der Gesellschaft ein ganz bestimmtes Bild von »den Alten« gibt. Sondern weil du selbst, als Einzelne, den heranrückenden Tod als etwas empfindest, was eigentlich nicht sein dürfte.

Ackermann
Nein! – Den Tod empfinde ich als eine Erlösung. Weil ich ganz fest daran glaube, dass es danach noch etwas Schönes gibt. – Was mich schreckt, ist das Schwinden der Kräfte, das Langsamwerden. Meine Beine waren stabil und verrichteten bislang immer ihren Dienst. Aber warum sind sie plötzlich so unsicher, so wackelig? Ich konnte mich auf die Stabilität meiner Beine von Jugend an verlassen. Und jetzt? – Der Augenschein ist stabil, aber das Gefühl ist wackelig.

Mich hat eben erstaunt, als du gefragt hast, ob ich nicht doch dem Tod ausweichen möchte, ob er etwas ist, das ich als ein grausames Schicksal empfinde, etwas, das eigentlich nicht sein dürfte. – Wie siehst denn du das?

Albus
Ja, das meine ich: Den Tod dürfte es eigentlich nicht geben. Ich komme damit bis heute nicht zurecht. Der Tod rührt für mich an die Frage nach dem Sinn meines Lebens, nach dem Sinn von menschlichem Leben, ja, nach dem Sinn von Leben überhaupt, nicht nur des menschlichen. – Warum, frage ich mich, bin ich überhaupt in die Welt gekommen? Mich hat niemand danach gefragt, ob ich leben will oder nicht. Auch nicht, ob ich sterben will oder nicht …

Ackermann
… Ja, das ist eine Unverschämtheit! … (lacht)

Albus
Ja, das ist eine echte Zumutung! – Ich weiß auch nicht, wer dafür verantwortlich ist. Ich kenne ihn oder sie nicht. Woher kommt das? Was hat das für einen Sinn? – Einmal ganz

hart formuliert: Ich bin mit der Tatsache meiner Geburt zum Tode verurteilt. – Es gibt eine Schrift im Anfang des 15. Jahrhunderts, »Der Ackermann aus Böhmen«, in der ein Mann, der seine junge Frau verloren hat, mit dem Tod ein heftiges Streitgespräch führt. Er stellt wörtlich fest: »Sobald ein Mensch lebend wird, sobald ist er alt genug zu sterben.« – Und, was unser Thema betrifft, das Alter wirft er dem Tod noch vor: »Du meinst vielleicht das Alter sei ein edler Hort. Nein, es ist siech, mühsam, ungestalt, kalt und allen Leuten übel gefallend. Es taugt nicht und ist zu allen Dingen unnütz.«

Ich will einfach nicht den Tod haben! – Und als Christ sehe ich da auch eine Parallele zu Jesus. Er wollte doch auch, dass der Kelch an ihm vorübergeht, wollte den Tod auch nicht haben. Ist auferstanden. Hat den Tod überwunden. Und sagt mir: »Du wirst auch auferstehen.« – Ja schön, aber warum muss ich da erst durch Sterben und Tod hindurch? Warum kann ich nicht gleich am Leben bleiben? Ewig leben? Ich will mich damit einfach nicht abfinden. Aber der Tod ist da und nicht aus der Welt zu schaffen. Im Gegenteil: Er schafft mich aus der Welt.

Ackermann

Huch! Ich weiß nicht, ob das so stimmig ist. Bin unsicher. Ich sehe uns, mich als ein Geschenk mit Gaben. Ich sehe das Leben als ein Geschenk. Ja wirklich! Und als eine Chance. Als eine Aufforderung: Mach was draus! Ja, ich will was draus machen! Das hat seinen Preis. Ich komme in die Zwickmühle. Ich muss mich entscheiden. Wenn ich meine Bücher anschaue: Die würde ich alle gerne noch lesen. Aber ich spüre, älter werdend, dass mir die Zeit nicht mehr dazu reicht. Eigentlich bräuchte ich eine Verlängerung der Lebenszeit dazu. Aber dann sehe ich auch, was alles noch im Argen liegt und was es zu tun gibt, damit es schöner und besser wird. Es geht offenbar nicht ohne die Anstrengung des Lebens.

Albus
Du hättest gerne einen Aufschub der Hinrichtung.

Ackermann
Nein, ich sehe den Tod nicht als Hinrichtung an! Und im Übrigen: Wir Christinnen und Christen sind doch eingeladen zu einem Festmahl.

Albus
Na ja, das ist so ein Bild, eine Vermutung, eine unsichere Hoffnung. Wir wissen es nicht.

Ackermann
Ja, ich bin da auch manchmal hin- und hergerissen. Aber freuen würde ich mich schon, wenn ich die alle wiedersehen könnte, die mir so viel bedeutet haben.

Albus
Ich bleibe dabei: Der Tod ist etwas ganz Grimmiges, Unverschämtes. Und das Alter, das habe ich auch bei dir herausgehört, ist eine gefährliche Erinnerung daran, dass die meiste Zeit deines und meines Lebens vorbei ist, dass wir nicht mehr viel Zeit haben.

Ackermann

Ja! Leider! – Als ich unsere alten Schwestern gesehen habe, ich sprach davon, da habe ich gesagt: »Lieber Gott, lass mich nicht so alt werden!« Ich möchte nicht dahin. – Wenn ich dir das so sage, dann sage ich schon ganz offen, was ich empfinde. Das versuche ich aber zu kultivieren. Und dazu gehört auch: Es gibt ja unbestritten auch die anderen Momente, Augenblicke der Freude und der Dankbarkeit für dieses endliche Leben. Das gehört für mich noch dazu. Wer weiß, wie lange!

Albus

Was sind denn die Lasten, die dir im Älterwerden, im Altsein aufgebürdet werden? Von der Unsicherheit der Beine hast du schon gesprochen. Darüber hinaus: Was sind deine konkreten Alterslasten?

Ackermann

Eine ziemliche Unsicherheit zum Beispiel: Wohin gehe ich, wenn ich der Arbeit hier bei SOLWODI (*SOLidarity with WOmen in DIstress:* »Solidarität mit Frauen im Elend«) nicht mehr gerecht werde? Ich hoffe, dass ich das noch selbst erkenne. In eines der angemieteten Altersheime meiner Ordensgemeinschaft will ich nicht. – Dann gibt es eine Freundin, die eine Wohnung für mich gerichtet hat und mir sagt: »Du kommst zu mir, wenn du alt wirst.« Das ist zwar lieb von ihr, aber ich denke, dass ich das nicht machen werde. – Diese Unsicherheiten, Ungewissheiten, sind eine konkrete Last für mich. Auch weil ich weiß, dass der Zeitpunkt ganz schnell kommen kann.

Albus
Gibt es auch konkrete Freuden, Freiheiten, die du erst im Alter haben kannst?

Ackermann
Die Vorfreude auf meine Bücher, die ich, wie schon mehrfach erwähnt, alle noch lesen will. Dazu komme ich jetzt nicht, weil die tägliche Arbeit mir noch keine Zeit dazu lässt.

Albus
Ein anderes Thema sind die gängigen Klischees in der Gesellschaft. Eines davon: Alte sind gebrechlich, Junge sind fit. – Alte, die nicht alt sein wollen – Traum von der ewigen Jugend – halten sich mit erheblichen Anstrengungen fit. Eine ganze Industrie mit beachtlichen Gewinnen ist das bei uns geworden. Hast du jemals so etwas für dich gelten lassen?

Ackermann
Ich habe von Jugend an einen schwachen Rücken. Dagegen tue ich schon etwas. Das ist mir wichtig. Doch: Fit fühle ich mich insgesamt schon noch. Ich werde natürlich früher müde. Das ärgert mich. Aber dagegen tue ich etwas. Zum Beispiel täglich eine halbe Stunde gehen. Manchmal will ich auch nicht.

Albus
Wir sind beide keine Typen, die hinterm Ofen sitzen und Katzen streicheln. Aber du kannst dich nicht mehr darum drücken, dass du jetzt 82 Jahre »alt« bist. Das ist keine Täuschung. Keine Falschmeldung.

Ackermann
Mich stört gegenwärtig, dass ich dauernd daran denken muss, dass ich 82 bin. Bis 80 hat mich das gar nicht gestört. Aber jetzt muss ich dauernd daran denken. 82, das ist die Zahl, die ich dafür verantwortlich mache, wenn etwas nicht mehr so geht, wie es gehen sollte. Zuweilen gebe ich dem aber auch nach und mache eine Pause von immerhin einer Viertelstunde.

Albus
Mit diesem und anderem müssen wir uns abfinden. Und es kann sein, dass die Pausen immer länger werden.

3. Das will ich noch!

Lea Ackermann
Ich will noch säen. Aber ernten würde ich natürlich auch noch gerne

82 Jahre habe ich mehr oder weniger gut hinter mich gebracht. Eine Organisation, SOLWODI habe ich gegründet, auf die ich stolz bin.

Ich habe nicht die Kühnheit, mir zu wünschen, alles nochmals zu beginnen, denn ich bin mir nicht sicher, ob es wieder so gute Resultate zeitigen würde. Es wäre auch Zeitverschwendung, denn ich sehe noch einiges vor mir, was ich noch gerne erledigen würde, obwohl ich schon so alt bin.

Mit 23 Jahren bin ich, als engagierte Christin und von Beruf Bankkauffrau, in eine Missionsgemeinschaft eingetreten, die versicherte, alle ihre Mitglieder kommen zum Einsatz nach Afrika. – Oh, ich glaube, das habe ich schon erzählt! – Ich wollte die Botschaft Jesu nach Afrika bringen. Das war etwas naiv gedacht, denn dort war sie schon viele Jahre vor mir angekommen. Heute schaue ich zurück und danke dem lieben Gott, dass ich damals diese Entscheidung getroffen habe.

Ich bin jetzt alt und stehe vor der letzten Begegnung mit meinem, unserem Ursprung. Ich bin im Grunde zuversichtlich. Aber auch manchmal etwas unsicher, mehr oder weniger. Jetzt, schon im höheren Alter, blicke ich vor allem nach vorne, bitte um noch etwas Aufschub, weil ich noch so viel zu erledigen habe.

Wenn ich in die Natur schaue, dann sehe ich dort eine Zeit der Aussaat und eine Zeit der Ernte. Die Zeitspanne dazwischen rückt in meinem Alter immer schneller zusammen. Ich will noch säen. Aber ernten würde ich natürlich auch noch gerne.

Für mich ist »alt«, viele Jahre hinter sich zu haben. Nur wenig an Zeit noch vor sich. Mit der Unsicherheit, ob die Zukunft nicht nur Jahre, sondern für mich auch noch zureichend Kraft und den rechten Durchblick bereithält.

Ich erinnere mich an die Spaziergänge mit meiner Mutter, als sie in meinem jetzigen Alter war. Sie bewunderte jedes Blümchen am Wegrand. »Schau mal, wie schön! Die Farbe so intensiv und so unbeachtet am Wegrand«, war dann oft ihr Kommentar. Ich war dann nie sehr begeistert: »Ach Mutti, die Blümchen da sind doch wirklich nichts Besonderes!« – Und was muss ich bei mir selbst heute feststellen? Ich sehe und bewundere die bescheidenen Gewächse am Straßenrand und bin begeistert.

Hilft das Alter, die Dinge um uns herum mit neuem Blick zu sehen? Wenn ich die materiellen Dinge anschaue, sehe ich den Verfall vorprogrammiert. Ich wohne in einer Propstei, einem Klosterbau, der im 17. Jahrhundert errichtet wurde. Nun musste der Dachstuhl erneuert werden. Er war teils von Ungeziefer zerfressen, teils durch Wasserschäden verfault, die dicken Balken waren müde, krank und nicht mehr bereit, das alte Dach zu tragen. Ohne Erneuerung wäre das ganze Haus immer mehr in Gefahr gekommen zu verfallen. Das alte Material war von der Zeit verbraucht. Nun erneuert ist es ein Zeugnis für den Geschmack und das Können unserer Vorfahren und hat Zukunft.

Ich freue mich eigentlich, dass ich so alt bin und so vieles gut über die Runden gebracht habe. Aber es ärgert mich, dass ich so umständlich geworden bin. Ich weiß genau, was ich alles zu erledigen habe, aber ich schreibe es doch lieber auf – und tue es dann doch nicht. Und stelle am Abend fest, dass ich wichtige Dinge nicht erledigt habe.

Ich gehe aufrecht, bilde ich mir ein, bin unsicher, wie das von außen gesehen wird. Meine Hände sind ohne Kraft, meine Bewegungen langsam, und ich überlege lange, bevor ich wirklich etwas ausführe. Ich stolpere und frage: Sind »es« die Schuhe oder ist »es« meine Unsicherheit? Fallen will ich auf keinen Fall, denn die Knochen sind zerbrechlich. Aber mit dem Stock gehen kommt nicht infrage. Das alles und mehr stört mich an meinem Alter.

Ich liebe es nicht, in die Vergangenheit zu schauen. Ich will die Zukunft noch so gut wie möglich gestalten. Das ist mir wichtig. Wir haben nichts zu verlieren. Ein Beispiel: Vor zwei Jahren, am »Tag der Diakonin«, habe ich auf Einladung von zwei großen Frauenverbänden eine Predigt gehalten.

Tag der Diakonin! – Aber es gibt keine Diakonin mehr in der römisch-katholischen Kirche. Das war einmal. Und mir fiel auf, dass ich einfach zu brav war als Mitglied in dieser Kirche. Wir haben stillschweigend das Vorbild Jesu im Umgang mit den Frauen nicht ernst genommen und die Frauen, die es ernst genommen haben und sich in der Kirche einbringen wollen, nicht entsprechend unterstützt. Nun, alt geworden, will ich diesen Verrat an der Botschaft Jesu in seiner Kirche anprangern.

Ich glaube, dass Gott, der Schöpfer alles Lebendigen, seine Geschöpfe liebt, Mann und Frau. Es muss ihn entsetzen, denke ich mir, dass er zwar Mann und Frau nach seinem Bild und Gleichnis erschaffen hat, aber nun sehen muss, dass die Menschen der Kirche, die vorgeben, seine Pläne und Wünsche umzusetzen, ihn hier verraten, wenn sie die Hälfte seiner Ebenbilder missachten und nicht als gleichberechtigt anerkennen. Wir haben diese Botschaft aus Gier, über andere zu herrschen, verraten.

Jetzt, wo ich alt bin, habe ich den immer dringender werdenden Wunsch für die Zukunft, nein, eigentlich schon für die Gegenwart, dass Männer und Frauen ihr Leben in und außerhalb der Kirche frei gestalten können. Und ich wünsche mir, dass das nicht im Streit geschieht, sondern im guten Miteinander.

Michael Albus
Die Uhrenzeit, die alles gnadenlos beherrscht, relativieren

Komme mir keine oder keiner und sage, das Alter lasse sich objektiv feststellen! Wenn ich sage: »Objektiv ist das so und so«, dann ist das eine subjektive Feststellung. Auch das sogenannte Objektive hat seine stillschweigenden subjektiven Voraussetzungen.

Ein gutes Beispiel dafür ist, wie die Internet-Enzyklopädie »Wikipedia« das Alter sieht:

»Unter dem Alter versteht man den Lebensabschnitt rund um die mittlere Lebenserwartung des Menschen, also das Lebensalter zwischen dem mittleren Erwachsenenalter und dem Tod. Das Altern in diesem Lebensabschnitt ist meist mit einem Nachlassen der Aktivität und einem allgemeinen körperlichen Niedergang verbunden.«

Was ist eine »mittlere Lebenserwartung«? Was heißt »Nachlassen der Aktivität«? Was ein »allgemeiner körperlicher Niedergang«? Sind wir nur Körper?

Oder kann man es nicht auch anders sehen, wie etwa Ingmar Bergmann, der schwedische Filmregisseur (1918–2007): »Alt zu werden ist, wie auf einen Berg zu steigen. Je höher man kommt, desto mehr Kräfte sind verbraucht, aber umso weiter sieht man.«

Lächelnd kann man es auch mit Karl Valentin (1882–1948) halten, der nicht nur ein Komiker war: »Heutzutag wird kein Mensch mehr alt. Die, die heut alt sind, die sind alle von früher.«

Das Alter ist eben, wie fast alles, auch eine Ansichtssache. Etwas höchst Subjektives.

Für mich ist Altsein und Altwerden eine Zeit meines Lebens, in der ich nicht nur rückwärts blicken kann oder soll, sondern, auch und immer noch, vorwärts. In der ich auch fragen kann: Was ist mir noch wichtig? Was habe ich innerhalb der Grenzen meiner Möglichkeiten noch nicht zu Ende gebracht? Wobei ja auch das Ende, die Vollendung, nur vorläufig sein kann. Wer weiß denn, ob »danach« alles aus ist? Oder wieder etwas Neues kommt? – So gesehen, bin ich eigentlich nie wirklich im landläufigen Verständnis alt. Ich bleibe in der Zeit meines Lebens, wie lange sie auch währen mag, einer, der bis zum letzten Atemzug vorausblicken kann, der Zukunft hat, bis ihm buchstäblich der Atem ausgeht, die Luft wegbleibt. Dass ich Rückblicke in mein Vorausschauen integrieren kann, öffnet meinen Blick, erweitert meinen Lebenshorizont. Ich bin auch ganz entschieden der Meinung, dass das Leben nicht nur aus Gegenwart und Zukunft besteht. Die Vergangenheit hat auch ihr Gewicht, schwer und leicht.

Aber »alt« sein bedeutet auch, sich den nüchternen Blick zu bewahren, die Wirklichkeiten, die sich unbemerkt oder unvermittelt, erwartet oder unerwartet einstellen, wirklich zur Kenntnis zu nehmen, sie nicht zu verdrängen: Das Langsamerwerden, die Schwäche der Augen, das Stolpern des Herzens, der kürzere Atem, die brüchiger werdenden Knochen, die Schlaflosigkeit, die zur Bettflucht treibt. Damit will ich mich abfinden. Mit innerem und äußerem Widerstand manchmal. Diese Altersarbeit, die still vor sich geht, wird in ihrer Anstrengung häufig unterschätzt.

Alt sein heißt für mich auch: bewusst abschiedlich zu leben. Wertvolle Begegnungen intensiver auszukosten. Wenn ich alte Freundinnen und Freunde, auch die Kinder, oder überhaupt Menschen treffe, die ich liebe, mir beim Abschied deutlich in Erinnerung zu rufen: Das könnte jetzt das letzte Mal gewesen sein! Sei ganz da im Abschied, sage ich mir dann.

Altwerden und Altsein stellen mir ganz eigene Aufgaben. Ich spüre immer mehr, was ich nicht mehr schaffen werde, was ich nicht mehr lösen oder binden kann. Darunter auch Menschen und Dinge, die mich ein Leben lang belastet, geärgert, manchmal zornig und bitter gemacht haben. An denen ich gescheitert bin. Aber so will ich nicht aus meinem Leben hinausgehen! Ich will mich mit dem, was ich nicht mehr schaffen kann, versöhnen. Wenn ich diese mühsame Seelenarbeit mindestens zu Teilen bewältige, dann kann ich leichter gehen. Im Alter und aus dem Leben hinaus. Nicht bitter werden! Nicht bitter sterben! Das wäre das Letzte!

Altwerden und Altsein heißt für mich auch, einen anderen Umgang mit der Zeit zu finden. Die Uhrenzeit, die uns fast alle und alles gnadenlos beherrscht und würgt, relativieren. Ignorieren kann ich sie nicht. In ihr mehr Zeit haben, als sie eigentlich hat. Den Augenblick dehnen, soweit er es hergibt. Mit der Zeit geizen. Quantitativ. Dann kann sie qualitativer werden. Mein Leben nicht mehr vollstopfen mit Terminen. Längere Pausen einplanen. Das ist, nach einem Leben voller Hast, Unruhe und Geschwindigkeit erst einmal gar nicht leicht. Dabei die Geduld nicht verlieren, wenn es nicht sofort klappt. Da fällt mir gerade der Satz aus Goethes »Faust« ein: »Werd ich zum Augenblicke sagen: Verweile doch! Du bist so schön! Dann magst du mich in Fesseln schlagen, dann will ich gern zugrunde gehn!«

Ich gestehe gerne, dass mir als Traumbild des Altwerdens und des Altseins immer ein Foto von Hermann Hesse

(1977–1962) einfällt: Er sitzt in seinem Garten auf einem Holzblock und macht dürres Holz klein. Für das Feuerchen, das neben ihm brennt und aus dem ein zarter Rauch zum Himmel steigt. Ja, das auch: In der Natur sein, auf Holz sitzen oder auf dem Boden und einfach nur schauen. In die Ferne, in die nächste Umgebung – und in mich.

Und schließlich auch das noch, sozusagen als Gnadengabe, was Ernst Bloch (1885–1977) so formuliert hat: »Alt werden kann auch ein Wunschbild dem Zustand nach bezeichnen: das Wunschbild Überblick, gegebenenfalls Ernte.«

III
Werden Frauen anders alt als Männer – und umgekehrt?

Amen, amen, ich sage dir: Als du jünger warst,
hast du dich selbst gegürtet und gingst, wohin du wolltest.
Wenn du aber alt geworden bist, wirst du deine
Hände ausstrecken und ein anderer wird dich gürten und
dich führen, wohin du nicht willst.

JOHANNESEVANGELIUM, KAP. 21, VERS 18

1. Männlich – weiblich?

Lea Ackermann

Differenzierung tut not. Und es ist nicht leicht, davon zu reden

Ich frage mich oft und immer wieder: Hat die Wahrnehmung, wie das Älterwerden bei Mann und Frau gelebt und erlebt wird, etwas mit dem Umfeld und der Prägung in Kindheit und Jugend zu tun?

Im dörflichen Leben hatten früher die Frauen im Haus das Sagen und die Verwaltung inne. Der Mann hat nach außen repräsentiert.

Es hat sich viel in der Gesellschaft verändert. Die Frauen sind selbstständig, in Berufen und im öffentlichen Leben zeigen sie Präsenz und Verantwortung. Das wird auch im Erleben des Älterwerdens deutlich. Trotzdem habe ich manches Mal den Eindruck, dass ein alter Mann selbstbewusster auftritt und eher Gehör findet als eine alte Frau. Im städtischen Milieu war und ist das anders.

In Afrika, in traditionellen Gesellschaften, zum Beispiel Ruanda und Kenia, werden die Alten geehrt, wegen ihrer Erfahrung und ihrem langen Wissen und der Kenntnis der Tradition.

Wir in Deutschland sind eine Industrienation. Wir brauchen neue und junge Ideen. Darum haben die Jungen einen anderen Stellenwert, und die Alten gehören leicht zum alten Eisen. In meiner Organisation, SOLWODI, die ich vor dreieinhalb Jahrzehnten gegründet habe, wird geschätzt, wenn ich mich zurückhalte, weil die Jungen es doch viel besser wissen. In der Absolutheit ist es falsch, aber in weiser Abwägung ist etwas Richtiges dran.

Als alte Frau stelle ich einen Verlust sozialer Werte an vielen Orten fest. Wie gehen wir – darin gibt es kaum einen Unterschied zwischen Männern und Frauen – mit den Schwachen in der Gesellschaft um, auch in unseren eigenen Reihen? Sie werden aussortiert, sie sind nicht effektiv genug. »Jung«, »dynamisch«, »erfolgreich« ist wertvoll und muss angemessen bezahlt werden.

Damit ist im sozialen Bereich aber noch lange nicht die notwendige Empathie gegeben. Unsere Gesellschaft wird brutaler, das erleben wir auf vielen Ebenen.

Vor Kurzem erlebte ich im Zug, dass ein Schaffner etwas zu einem alten Mann, der dasaß, sagte. Der Mann verstand nicht sofort. Ich dachte, er hört schlecht. Als der Schaffner erneut fragte und der Mann immer noch nicht reagierte, brüllte er ihn an, dass alle Leute im Abteil hinsahen und befremdet waren.

Das war eine Situation, die unangenehm und respektlos war, die aber mir, als alter Frau, auch schon öfter passiert ist, auch in meinem engsten Umfeld. Vielleicht auch, weil ich mich weigere, ein Hörgerät zu tragen.

Bei alten Männern sehe ich übrigens ganz selten ein Hörgerät. Ich frage mich: Hören sie länger besser oder sind sie genauso eitel wie ich?

Wir sehen viel mehr alte Frauen als alte Männer bei Veranstaltungen, auf der Straße, in Kaufhäusern. Frauen leben länger, höre ich dann. Aber wie kommt es dazu? Sie leben gesünder, gehen eher zum Arzt, haben einfach einen gesünderen Lebensstil.

Männer vertragen mehr Alkohol und trinken mehr am abendlichen Stammtisch und auch sonst. Viele alte Männer sind übergewichtig. Es gibt auch alte Frauen, die gern und viel essen. Aber sehr viele achten auf die Figur. Eindeutig und nur geschlechtsabhängig ist die Lage nicht.

Was bei alten Menschen nervt, ist die ständige, manchmal gebetsmühlenartige Wiederholung. Sie erzählen gerne und immer dasselbe. Mich ärgert es zwar, wenn mir liebe Bekannte sagen: »Ich weiß, du hast das schon erzählt.« Aber es stimmt wohl, dass ich mich oft nicht mehr erinnere und auch gerne auf meinen Lieblingsthemen herumreite. Sogar die große heilige Teresa von Ávila, hat dieses Problem gekannt. Sie betete darum, nicht schwatzhaft zu werden. Überhaupt kann ich ihr »Gebet des älter werdenden Menschen« mit voller Überzeugung beten: »Gott bewahre mich davor, schwatzhaft zu werden, und besonders vor der fatalen Gewohnheit, bei jeder Gelegenheit und über jedes

Thema mitreden zu wollen.« Männer erlebe ich da als einsilbiger.

Als großes Problem sehe ich bei mir die Vergesslichkeit: »Darüber haben wir gesprochen, und du warst damit einverstanden!«, heißt es, wenn ich nachfrage. Meiner Einschätzung nach werden hier Frauen strenger und folgenreicher beurteilt. Bei alten Männern kommt das auch vor, dass sie etwas vergessen, aber dann erzählt man es halt wieder. In dieser Hinsicht werden alte Männer mit mehr Respekt behandelt.

Was mir auch zu schaffen macht, ist meine schnelle Müdigkeit und meine zunehmende Kraftlosigkeit. Jetzt gerade ist sehr schönes Wetter, und ich weiß, dass ich mich bewegen muss. Aber ich muss mich dazu zwingen. Wenn ich in meinem unmittelbaren Umkreis jemanden finde, die auch gerne geht, dann ist es leichter. Es gibt sie, die alten Männer, die auch allein spazieren gehen. Wegen der Bewegung, um nachzudenken und um sich dann neu einzubringen.

Kleidung ist für mich immer wichtig gewesen. Die muss stimmen, farblich und in der Form. Meine Mutter war immer eine elegante Frau. Im Alter hat das nachgelassen. Das soll mir nicht passieren. Bei Männern habe ich den Eindruck, dass sie im Alter von sich aus nicht sehr viel Wert darauflegen, geschmackvoll gekleidet zu sein. Bei Männern, die allein leben, ist das manchmal ganz auffällig zu beobachten. Oft sind sie ungepflegt und etwas verwahrlost.

Viele alleinlebende ältere Frauen engagieren sich ehrenamtlich, bekommen dadurch Kontakte, wissen, dass sie wertvolle Arbeit leisten und wichtig sind. Es gibt sie aber auch, die älteren Männer, die ebenfalls ihre Talente einsetzen und ehrenamtlich wichtige Arbeit leisten. Bei SOL-

WODI erfahren wir Hilfe durch sie. Aber auch die älteren, alleinstehenden Männer gibt es, die so gar nichts mit sich anzufangen wissen. Einige von ihnen suchen sich junge Frauen.

Mein Eindruck ist, dass Männer schweigsamer sind und dass sich das im Alter nicht bedeutend ändert. Aber diese Verallgemeinerung stimmt auch wieder nicht. Ich kenne Männer, die dauernd reden und sehr schlecht zuhören können. Das wird mir auch gelegentlich nachgesagt.

Vor allem aber in meiner langen kirchlichen Erfahrung fällt mir ein Unterschied besonders auf: Männer der Kirche sind in Gefahr, nur zu reden und nicht mehr zuzuhören. Sie sind einfach trainiert zum Predigen. Auch wenn sie nicht unbedingt die Gabe dazu haben.

In fast allen Religionen und Kulturen sind Männer einseitig auf einen Thron erhoben, auf dem nur sie Platz haben. Patriarchale Strukturen sind da so verfestigt, dass selbst Jesus diesen Teufelskreis nur zu seiner Lebenszeit und ein wenig fortwirkend noch im ersten, zweiten und dritten Jahrhundert an einigen Orten und zeitweilig durchbrechen konnte. Dann hat das Patriarchat in der Kirche die Oberhand gewonnen. Heute stellen engagierte Christinnen mit Entsetzen fest, dass die Männer lieber den Auszug der Frauen aus der Kirche hinnehmen, als ihnen die Seelsorge gleichberechtigt anzuvertrauen.

Also: So einfach sind sie nicht, die Unterschiede in der Wahrnehmung des Älterwerdens von Männern und Frauen, wie sie oft »gemacht« werden. Differenzierung tut not. Und es ist nicht leicht, davon zu reden.

Michael Albus
Gegen die Herrschaft der Klischees

Zur Frage, ob es signifikante Unterschiede von Mann und Frau in der Erfahrung des Älterwerdens gibt, maße ich mir nicht an, etwas sehr Genaues zu sagen oder sogar ein Urteil zu fällen. Was ich sagen oder zumindest versuchen kann zu sagen: Wie ich mein Älterwerden als Mann erfahre und welche Unterschiede ich darin bei Frauen sehe, die ich kenne. DIE Frauen oder DIE Männer gibt es nicht.

Ich ärgere mich immer wieder darüber, dass die Klischees, die wir voneinander haben, so tief sitzen und so wirksam sind, dass sie trotz aller Kopfarbeit dagegen immer noch funktionieren. Auch bei solchen Frauen und Männern, die sich für fortschrittlich halten. Es gibt nach wie vor noch die Männerklischees über Frauen und die Frauenklischees über Männer.

Was haben uns die Eltern, die Pfarrer und Kapläne, die Lehrerinnen und Lehrer, Marktschreierinnen und Marktschreier alles beigebracht! Uns Männern: Frauen sind weich – Männer sind hart. Starkes Geschlecht – schwaches Geschlecht. Männer sind Denker – Frauen können nicht »richtig« denken, schon gar nicht einparken, sie sind reine Gefühlsbündel. Männer sind konsequent und berechenbar – Frauen inkonsequent und unberechenbar. Die Liste ließe sich noch und noch fortsetzen. Und sie hat ihre Quellen vor allem und auch zuvörderst in der Religion. Schaue ich die Christentumsgeschichte unter diesem Aspekt an, dann wende ich mich mit Grausen ab. Gut: Heute ist einiges ins Rutschen gekommen, und hier und da sind Männer und Frauen von den alten Kampfplätzen aufgebrochen. Aber von durchgreifender Wende kann keine Rede sein. Wenn ich manchmal erleben muss, wie sich fortschrittlich und modern gebende junge Männer mit »ihren« (Possessivpronomen, besitzanzeigendes Fürwort) Frauen umgehen – und dass die Letzteren sich das auch noch gefallen lassen, dann reibe ich mir die Augen.

Ich kann nur von meinen Erfahrungen sprechen und partiell von Erfahrungen, die mir Frauen von ihrem Älterwerden berichten, wie sie Unterschiede wahrnehmen.

Ein Beispiel fällt mir dabei sofort ein: Ich bemerke immer wieder, dass Männer im Prozess des Älterwerdens das Langsamerwerden eher leugnen als Frauen. Ich, Mann, spüre durchaus schon die Verlangsamung vieler Lebensvollzüge. Aber ich versuche zuerst einmal, mit dem Verstand dagegen anzugehen. Dass der Körper seinen eigenen Weg geht, seinen natürlichen übrigens, das nehme ich zwar untergründig und manchmal erschreckend abgründig wahr, schiebe es aber weg, lasse es nicht gelten. Warum? – Weil ich gespalten bin. Ich lebe eher vom Kopf her. Bis es nicht mehr geht. Dann kapituliere ich, aggressiv oder depressiv-resignativ. Das Ganze ist für mich eine Art Wettkampf zwischen der »Macht« des Geistes und dem vorgegebenen Ablauf des natürlichen Prozesses. Dahinter vermute ich aber auch ein mich im Untergrund beherrschendes Klischee: *Der* Mann ist stärker als *die* Frau! Nein, ist er nicht! Ich kenne viele Frauen, die wesentlich stärker, tapferer sind als manche Männer, die schnell zu jammern anfangen oder total pessimistisch werden, wenn es nicht klappt wie gewünscht. Meine Beobachtung ist durchgehend, dass Frauen den Prozess des Älterwerdens ganzheitlicher wahrnehmen. Nicht der angedeuteten Spaltungstendenz zwischen Kopf und

Bauch unterliegen. Sie nehmen den natürlichen Ablauf eher an, nehmen ihn einverstandener wahr und für wahr.

Auch hier, wie fast bei allen anderen Aspekten des Themas, muss ich dauernd auf der Hut sein, um nicht irgendwelchen Klischees zum Opfer zu fallen.

Ich bleibe noch eine Weile beim Mann, bei mir also. Ich spüre mit fortschreitender Zeit immer intensiver, dass die »Epoche« der Hochleistung und der Höchstleistungen zu Ende geht. Dass »volle Power« immer schwieriger wird, immer längerer Vorbereitungen bedarf und dass »danach« der Prozess der Regeneration, der Wiederherstellung des Normalzustandes (Was ist das, »Normalzustand«?) einen immer länger dauernden Zeitraum in Anspruch nimmt.

Ich beobachte in vielen Fällen bei Frauen, dass sie viel zäher und belastbarer im Älterwerden sind als Männer, dass sie über ein viel größeres Potential an Geduld und Ausdauer verfügen als Männer. Auch dass sie viel anpassungsfähiger, geschmeidiger gegenüber den natürlichen Abläufen des Altwerdens und des Alters sind als Männer. Ich will daran erinnern: Das ist meine Beobachtung, meine Wahrnehmung bei mir und bei Frauen, die ich kenne. Es kann auch ganz anders sein.

Noch einmal und immer wieder: Achtung vor der offenen oder versteckten Klischeefalle! Man gerät leicht in sie. Sie schnappt schnell zu. Ist ja auch bequem.

Es gibt ein paar Teststrecken, die da zu nennen wären. Sie haben private und öffentliche Seiten. Und ihre Wahrnehmung und Beurteilung im Älterwerden hat männliche und weibliche Aspekte. Da wage ich es überhaupt nicht, mich festzulegen und umgehe ganz bewusst und kontrolliert die Klischeefalle.

Ich beobachte und frage nur: Wie üben Männer, wie Frauen Gewalt aus? Wie ist ihre Machtpraxis im privaten wie im öffentlichen Bereich? Es gibt Terroristen und Terroristinnen. Zahlenvergleiche helfen nicht viel weiter. Und Gewalt, Unterdrückung, ja Quälerei, seelisch wie körperlich, in sogenannten intimen Beziehungen zum Beispiel, machen nicht halt vor dem Geschlecht. Und sie werden bei Männern und Frauen nicht milder im Älterwerden.

Vielfach werden sie in der Lebensphase des Älterwerdens und des Alters noch stärker, hinterhältiger und grausamer als zuvor. Bei Frauen und Männern.

Mir kommt an dieser Stelle ganz plötzlich der Philosoph Plato in den Sinn, der im Anschluss an den uralten »Androgyne-Mythos« in einer seiner Schriften (Symposion 191 d) davon spricht, dass der Mensch durchaus als Symbol verstanden werden kann, als Hälfte, die auf Entsprechung im anderen verweist. Wörtlich heißt es dort: »Jeder von uns ist demnach nur eines Menschen Hälfte (Symbol), weil wir, zerschnitten wie die Schollen, aus einem zwei geworden sind. Immerfort sucht ein jeder nach dem zu ihm gehörenden Symbol (Teil, Hälfte).«

Interessant: Die rätselhaften, ja, geheimnisvollen Unterschiede zwischen Männern und Frauen im Prozess des Lebens wurden in der Frühe der Menschheitsgeschichte, schon in grauer Vorzeit aus der Sehnsucht nach Ergänzung, im Guten wie im Bösen, zu erklären versucht. Mit einem Mythos also. Das heißt mit dem Versuch, ein dunkles Geheimnis erträglicher zu machen.

Vielleicht sind die Unterschiede gar nicht so groß wie sie, manchmal auch ideologisch aufgeblasen, erscheinen. Vielleicht sollte ich, sollten »wir Männer«, nicht nur die »von

Galiläa«, darauf achten, dass die Unterschiede zwischen Frauen und Männern in der letzten Phase des Lebens weniger trennend sind als vereinend.

Es ist doch für beide Geschlechter, da es sie nun einmal gibt, nicht das Schlechteste, zur Einheit, zum Frieden zwischen beiden beizutragen. Das wäre auch eine mögliche »Herrschaft der Alten«.

Ein Trost vielleicht auch gegen die leider weitverbreitete Bitterkeit angesichts des immer näherrückenden Endes. Aber das ist schon wieder ein anderes Thema, über das man auch eher streiten, als eins werden kann.

2. Wortwechsel

Ackermann

Ich muss noch eine Vorbemerkung machen, bevor wir zum eigentlichen Thema kommen: Seit der Zeit, in der wir mit unserem Buchprojekt begonnen haben, denke ich viel mehr über mein Älterwerden und Altwerden nach und bin auch aufmerksamer geworden für das, was mit mir geschieht und was ich um mich herum wahrnehme. Ein Beispiel: Heute Morgen musste ich zur Ausländerbehörde nach Koblenz. Als ich zurückkam, war es ungefähr zwölf Uhr, Mittag. Und ich hatte eigentlich auch Hunger. Viele Lokale und Straßencafés hatten geöffnet: An einigen Tischen saßen Männer allein. An keinem Tisch habe ich nur eine Frau allein gesehen. Sie hatten entweder ihren Partner oder eine zweite Frau dabei. Ich hätte mich gerne hingesetzt. Aber ich wollte nicht allein an einem Tisch sitzen. Dann habe ich mir etwas zum Essen gekauft und es nach Hause mitgenommen. Das Alleinsein macht offenbar Männern weniger zu schaffen als Frauen. Eine kleine Beobachtung am Rande. – Nur am Rande?

Albus

Ich bin im Blick auf unserer beider Beobachtungen und Gedanken über die Wahrnehmung der Unterschiede in Älterwerden zwischen Mann und Frau zu dem Ergebnis gekommen, dass es gar nicht so viele Unterschiede gibt. Ich glaube, wir sind in der Benennung von Unterschieden weitgehend von Klischees bestimmt. Und sagen dann, dass es Unterschiede sind. Das sind lauter Fallen, in die wir gehen. Sie liegen ursächlich in den kulturellen und auch in den religiösen Prägungen, vor allem in patriarchalischen Kulturen, begründet. Aber trotz aller Ähnlichkeiten: Es gibt Unterschiede in der Wahrnehmung des Alt- und Älterwerdens. Du hast ein paar solcher Unterschiede aufgeführt. Hast sie dann aber wieder relativiert. Das hat mich eben zu der Behauptung gebracht, dass es gar nicht so viele Unterschiede gibt.

Meine Frage also: Wie empfindest du als Frau dein Älterwerden in Abgrenzung oder im Unterschied zu Männern, die du kennst, nicht zu »den« Männern?

Ackermann

Ich spüre das am stärksten im Umfeld meiner Arbeit. Ich bin ja noch voll im Arbeitsprozess …

Albus

… mit 83 Jahren!

Ackermann

... Ja, weil mir die Arbeit mit SOLWODI sehr am Herzen liegt. Ich will auf die Schwachen in der Gesellschaft hinweisen und dafür arbeiten, dass sie eine Chance haben.

Albus

Meinst du, das können Männer nicht auch?

Ackermann

Ja, schon! Aber sie sind in diesem Punkt den Frauen voraus, sind besser organisiert und haben ganz andere Auffangmöglichkeiten geschaffen. – Älter werdende Frauen, die hier im Dorf allein in der Wohnung leben, sind normalerweise abends allein zu Haus. Aber wenn ich hier abends in die Wirtschaft gehe, dann ist da der Stammtisch der Männer! Die bewältigen ihr Altwerden mehr in Gemeinschaft, bleiben nicht abends allein zu Haus. Im Unterschied dazu sehe ich die jungen Frauen, die – bei SOLWODI etwa – angestellt sind: Die sind taff und selbstbewusst. Was sie sagen, darf nicht hinterfragt werden. Das hat Unfehlbarkeitscharakter! Und wenn ich dann doch etwas hinterfrage, dann wird das als Respektlosigkeit der Alten gegenüber den Jungen empfunden, als mangelnde Wertschätzung ihrer Arbeit, ihres Engagements.

Albus

Ist das spezifisch für Frauen? Oder nicht doch ein Unterschied der Generationen?

Ackermann

Ich erlebe es so!

Albus
Diese Beobachtung und Erfahrungen mit einbeziehend, möchte ich aber doch dich nochmal fragen: Was sind für dich, Frau, konkrete Erfahrungen des Älterwerdens und des Altseins? Woran spürst du das? Du hast geschrieben, dass du zum Beispiel langsamer und unsicherer wirst.

Ackermann
Ich merke zum Beispiel, dass ich bequemer werde. Da sehe ich hinten im Zimmer etwas liegen, das nicht dahingehört. Früher wäre ich sofort aufgestanden und hätte es in Ordnung gebracht, ohne lange nachzudenken. Jetzt überlege ich mir, ob ich extra dafür aufstehe.

Albus
Der Unterschied zu Männern? Nachdem, was ich bis jetzt von dir gehört und gelesen habe, verdichtet sich bei mir mehr und mehr der Eindruck, dass es gar nicht so große oder so viele Unterschiede zwischen Männern und Frauen in der Wahrnehmung des Älterwerdens gibt.

Ackermann
Männer wären nie so schnell aufgesprungen und hätten etwas verändert, wenn sie nicht gesehen hätten, wie Frauen das tun! – Das ist vielleicht ein Vorurteil oder eine Überzeichnung.

Albus
Nein. Das ist deine Erfahrung, deine Vermutung, die aus der Erfahrung kommt. Wie war das denn mit Pater Köster? Ihr seid ja miteinander eine lange Strecke älter und alt geworden.

Ackermann
Er konnte sehr gut zuhören. Das haben alle an ihm geschätzt. Während ich immer schnell mit einer Antwort parat sein konnte. Ich dachte mir, dass möchte ich auch so können. Und im Älterwerden habe ich gemerkt, dass ich immer noch zu schnell bin …

Albus
Du versuchst, mit deinen Antworten meinen Fragen dauernd zu entwischen. Aber ich lasse nicht nach, Konkretes zu finden. Und komme von einer anderen Seite: Ich glaube, behaupte, dass Frauen weniger weinerlich sind als Männer im Älter- und Altwerden. Männer, mich eingeschlossen, fangen in der Regel schnell an zu klagen, wenn die ersten Zipperlein, die ersten Wehwehchen kommen, die den Schwung der Jugend und der Lebensmitte abbremsen, weniger nachhaltig werden lassen. Frauen, so meine Erfahrung, nehmen altersgemäße Einschränkungen und Veränderungen eher hin als einen natürlichen Ablauf. Ich kenne wenige Frauen, die jammern und klagen.

Ackermann
Das deckt sich mit meinen Erfahrungen. Männer haben immer zimperlicher reagiert, wenn sie »etwas hatten«. Und im Alter steigert sich das. Wenn mein Vater eine Erkältung oder gar eine Grippe hatte, dann war das schon ein halber Weltuntergang. Die Mutter hat nie geklagt. – Vielleicht sind Frauen auch deswegen robuster, weil sie ja die Kinder bekommen.

Albus

Nun hat sich da in den letzten Jahrzehnten schon einiges geändert. Aber immer noch sind Reste der alten Einstellung vorhanden. Das hängt damit zusammen, meine ich, dass die alte patriarchalische Männergesellschaft den Frauen ein solches Verhalten auch auferlegt hat. Das sind tiefsitzende Verhärtungen, die sich nur langsam auflösen. Die Frauen hatten den Rücken zu krümmen. Ihnen wurden Lasten auferlegt, die sie klaglos zu tragen hatten. Aufmucken gab es nicht. Meine Annahme wird immer sicherer, dass die Unterschiede in der Erfahrung des Älterwerdens zwischen Mann und Frau immer geringer werden.

Ackermann

Es gibt auch Frauen, die jammern, weil sie sonst nichts zu erzählen haben, was von Interesse ist.

Albus

Wir kommen aus dem Dreh nicht raus: Du sagst »es gibt aber auch Frauen«, und ich sage »aber es gibt auch Männer«.

Ackermann

Ja! Es gibt eben nicht nur schwarz-weiß, sondern es gibt einen großen grauen Bereich. Und dennoch meine ich, dass es bei uns Frauen Merkmale auch beim Älterwerden gibt, die ausgeprägter sind als bei den Männern.

Albus

Dann nenne doch mal ein paar!

Ackermann
Ich wiederhole: Sie gehen leichter mit Schmerzen um. Vielleicht meckern sie mal. Aber sie verändern nichts, was ihre Situation erleichtern könnte.

Albus
Da sind wir wieder bei den Patriarchen – nicht nur der Vergangenheit –, die die Frauen nicht haben hochkommen lassen. Da sind wir wieder bei der »Mutter Kirche«, die im Wesentlichen als »ehrwürdige und hochwürdige« Väterkirche daherkommt. Die hat einen erheblichen bis wesentlichen Anteil an der faktischen Lage der Frauen. Das darf man schon laut sagen.

Ackermann
Oh ja! Das ist schon so!

Albus
Die kirchlichen Vorgaben, zuweilen »göttliche Gebote« genannt, haben die Gesellschaft tief und nachhaltig geprägt. Und damit auch die Erfahrung von Älterwerden. Schau dir nur dir vielen Marienbilder an, die »Trösterin der Betrübten«, die »Schmerzensreiche Mutter« zum Beispiel. So nach der Weise: »Maria, duck dich! Der Mann ist da!«

Ackermann
Das ist witzig! Schau dir mal den »Lobgesang Mariens« in der Bibel an! Wie da Maria sich ausdrückt. Da ist sie keine, die sich duckt. Im Gegenteil.

Albus
Das »Magnifikat« ist ja ein Revolutionslied!

Ackermann
Ja! Ja! Die starke Frau! – Aber in der kirchlichen und gesellschaftlichen Wirklichkeit wurde es anders ausgelegt.

Albus
Ganze konkrete Handlungsanweisungen wurden daraus: Seid die »Magd des Herrn«! Duldet still, was er euch an Lasten und Schmerzen auferlegt! Murrt nicht! Folgt dem Herrn im Leiden nach!

Ackermann
Der Gipfel ist, dass das so ausgelegt wurde: Die Magd hat für alles zur Verfügung zu stehen, bis hin zur Prostitution. Diese unmenschliche Praxis hat eine lange unmenschliche Geschichte – an der auch die Männerkirche ihren Anteil hat.

Albus
Da sind wir wieder auf dem Boden des Meeres, das sich Geschichte nennt. Und noch einmal: Die land- und stadtläufigen Unterschiede von Männern und Frauen in der Erfahrung des Altwerdens haben hier ihren Ab-Grund, ihre Ab-Gründe. In der Realität des Lebens sind die Unterschiede gering. Sie wurden groß gemacht und sind als Klischees dann bekannt und wirksam geworden. Die paar wirklichen Unterschiede haben wir genannt. Sie sind natürliche Unterschiede, wie zum Beispiel das Kinderkriegen.

Ackermann
Nun habe ich ja keine Kinder bekommen, weil ich Ordensschwester bin.

Albus
Aber du hast zwei Kinder adoptiert und groß werden lassen. Und das Kinderkriegen bezieht sich ja nun nicht nur auf den Akt der Geburt. Manchmal dauert es lebenslang. –

Ich komme noch zu einem anderen spürbaren Aspekt.

Mein Älterwerden besteht in der manchmal bestürzenden Erfahrung, dass ich langsamer werde. Keine großen Sprünge mehr machen kann, zumindest mehr Zeit für die Vorbereitung und Nachbereitung großer Sprünge brauche. Manchmal will ich es auch verbergen, weil ich nicht möchte, dass ein anderes Bild von mir entsteht als das gewohnte. Da haben wir Männer Standards, die auch zum Teil heute für Frauen gelten. Zum Beispiel: Du darfst nie schwach sein!

Ackermann
Ja, auf mich musst du dich verlassen können. Da darfst du keine Schwäche zeigen.

Albus
Ich will noch einen Versuch machen, dir auf die Schliche zu kommen. Damit du dich nicht so leicht hinter den Geschichten, die du gern erzählst, persönlich verstecken kannst. Hast du nicht eine Heidenangst vor dem Noch-älter-Werden? Alt bist du da ja schon. Das kann ich ohne Einschränkung von dir und zu dir sagen.

Ackermann
Oh ja! Doch! Ich habe wirklich Angst. Meine Wahl wäre, wenn ich sie treffen könnte: Schaffen, schaffen, bis ich umfalle. Daliegen und mich nicht mehr selbst bewegen können, das ist eine Horrorvorstellung für mich, in die ich mich gar nicht weiter vertiefen will.

Albus
Da hast du also richtig Angst davor?

Ackermann
Davor habe ich größere Angst als vor dem Sterben. Zumal ich ja als Christin hoffen darf, dass danach noch etwas Schöneres oder Schönes kommen kann.

Albus
Also der plötzliche Tod wäre für dich wunderbar?

Ackermann
Das wiederum auch nicht. Das wünsche ich mir nicht. Ich möchte mich noch von allen Menschen, die mir wichtig und wert waren, bewusst verabschieden können. Aber so ein langsames Dahinsiechen, das stelle ich mir sehr schrecklich vor.

Albus
Das stelle ich mir auch sehr schrecklich vor. Diesen letzten Prozess des Altwerdens. Ich möchte lieber Hals über Kopf sterben. Und ich verbinde damit die Frage an dich, ob du so ein Sterben nicht doch abkürzen möchtest, wenn es dazu kommen sollte? Es gibt ja Prozesse des Sterbens angesichts

derer es unmenschlich ist, weiter auf lebensverlängernde Maßnahmen zu setzen. Davon gibt es schreckliche Geschichten zu erzählen. Wo bleibt dann bei solchen Leidenden dein Mitleid?

Ackermann

Vor einer solchen Entscheidung habe ich wahnsinnige Angst. Ich habe da auch ganz konkrete Geschichten vor Augen. Etwa die letzte Lebensphase von Pater Köster (Prof. Dr. Fritz Köster, Priester, Professor und Schriftsteller). Er musste zweimal in der Woche zur Dialyse. Dann kamen noch weitere Gebrechen hinzu. Am Ende war er so weit, dass er sagte: »Ich gehe nicht mehr zur Dialyse.« Ich war froh, dass er gestorben ist, bevor er die Entscheidung getroffen hat oder treffen musste.

Albus

Ist es verwerflich, wenn jemand, der sich nicht mehr helfen kann und dem nicht mehr geholfen werden kann, den Wunsch hat, das Leiden zu beenden? Und dass dann auch dieser Bitte, nach reiflicher Abwägung aller an diesem Prozess Beteiligten, entsprochen wird? Ist das verwerflich oder gar unmenschlich? Ist das eine Verletzung der Würde des Menschen?

Ackermann

Nein. Aber ich möchte diese Entscheidung nicht treffen.

Albus

Aber sie muss in vielen Fällen getroffen werden, wenn man nicht unmenschlich sein will. Nicht zuletzt, weil Männer und Frauen heute viel älter werden wollen, als es der normale Alterungsprozess zulässt. Das kostet auch seinen Preis!

Ackermann

Ich habe gestern noch mit einer Frau gesprochen, die einen dementen Mann hat, der dauernd ausbricht. Schon zweimal musste die Polizei ausrücken, um ihn zu suchen. Er wäscht sich nicht mehr und lässt sich auch nicht mehr waschen. Er gibt auf gar nichts mehr acht. Und er wird aggressiv. Erst recht kann man in einem solchen Fall, meine ich, nicht sagen: »Beendet das!«

Albus

Aber so argumentierst du nicht zuletzt auch aufgrund deiner katholischen Prägung. Das sitzt ganz tief in uns. Wurde in den Boden unseres Lebens eingelassen, wie ein Baum mit einer ganz tiefen Wurzel.

Ackermann

Ja, das ist so. Das glaube ich auch. Ich habe eine Werteausrüstung in meiner Kirche bekommen, die mich da in höchstem Maße zurückhaltend sein lässt.

Albus

Und ich bin heute der Auffassung, auch aus einer solchen Prägung kommend, dass man das übertrieben hat, daraus eine in manchen Fällen unzumutbare Lebens- und Sterbensregel gemacht hat. Heiligenlegenden wurden so erzählt und zur Nachahmung vorgestellt. Nun sind wir heute in einer immer deutlicheren gesellschaftlichen Gegenbewegung. Das Pendel schlägt mal wieder in die andere Richtung aus, die auch nicht »ohne« ist. Das ist und bleibt ein Thema, das im Fluss ist. Wir können keine absoluten Entscheidungen treffen. Aber bedingte und begründete schon. Auf diesem Feld gibt es kaum mehr Unterschiede zwischen Männern und Frauen, sondern nur noch unter Menschen. Bleibt: Die Unterschiede in der Erfahrung des Älter- und Altwerdens zwischen Mann und Frau sind nicht so groß, wie wir es anfänglich meinten.

Ackermann
Und trotzdem – gerade aufgrund der patriarchalischen Vergangenheit – steht heute ein alter Mann anders da als eine alte Frau. – Wenn ich in einem Gesprächskreis etwas sage, dann kommt oft die Bemerkung: »eine alte Frau«. Wenn ein Mann etwas sagt, dann heißt es: »Der hat Erfahrung!«

Albus
Ja, »alte Frau« ist immer noch diskriminierender als »alter Mann«. – In einer Gesellschaft, die sich als »modern« bezeichnet!

IV
Der Glaube verändert sich

Unsere Erziehung beruhte auf Begriffen wie Sünde,
Bekenntnis, Strafe, Vergebung und Gnade.
Ingmar Bergmann (1918–2007)

1. Gott, Religion und Kirche

Michael Albus
Die Zweifel wachsen. Vertrauen ist gefragt

Mit der Länge des Lebens haben sich auch mein Glaube und meine religiöse Praxis verändert. Das Meiste ist stillschweigend geschehen. Nur weniges abrupt. Oft waren die Veränderungen im Schlepptau extremer Erfahrungen wahrzunehmen. Die Zweifel kamen und kommen. Sie kamen und kommen weniger durch eine Kirche, die Jesus immer mehr verrät, als durch Erfahrungen des Lebens. Bei mir waren es vor allem der Tod von Kindern. Im persönlichen wie im öffentlichen Bereich.

Ich musste erleben, wie in einer Nacht in der kolumbianischen Hauptstadt Bogotá einem Straßenjungen, einem »gamin«, aus nächster Nähe von einem Polizisten in den Kopf geschossen wurde und das Kind verblutete, ohne dass ich helfen konnte. Da stand ich. Und verstand die Welt nicht mehr. Es sollte nicht die einzige Erfahrung solcher Art in meinem beruflichen Leben als Journalist bleiben.

Und ich war mehr als fassungslos, als unsere älteste Tochter zehn Minuten, nachdem sie sich von uns verabschiedet hatte, durch einen Verkehrsunfall ihr Leben verlor. Sie war an diesem Tag zwei Monate verheiratet und hatte an diesem Tag ihre Berufsausbildung erfolgreich abgeschlossen.

Jedes Mal fragte ich ins Leere hinein nach dem »Warum?« Wohl wissend, dass ich darauf nie eine Antwort bekommen würde. Die Vertröstungen, auch die kirchlichen und gut gemeinten, konnten die offene Wunde, die durch solche Erfahrungen immer wieder vertieft wurde, nicht heilen. Bis heute nicht. Trauma.

Was muss das für ein Gott sein, der solches zulässt?, – fragte ich mich immer dringender und drängender. Durch solche Erfahrungen sind für mich die Anstrengungen, die Gedankenkonstrukte der Theologinnen und Theologen überflüssig und sinnlos geworden. – Wie soll ein Gott verteidigt werden angesichts des Leids in der Welt? Angesichts des Todes von Kindern vor allem! Auch die Verteidigung des Menschen ist sinnlos. Wir sind so! Basta! Und wer hat uns so gestrickt, dass wir Leid ohne Ende in die Welt bringen? Kriege, Folter, Gewaltherrschaft nehmen kein Ende. Keine Antwort, die hilft.

Ich habe mir geschworen, dagegen das zu tun, was mir möglich ist. Und ertappe mich immer wieder dabei, wie ich versage. Wie der Einsatz für das Gute sich oft in sein Gegenteil verkehrt. Oder wie die Verteidigerinnen und Verteidiger des Guten selbst ihren Einsatz mit dem Leben bezahlen müssen. Ich habe viele solcher Menschen kennengelernt. Ich habe einen Riesenrespekt vor ihnen. Und dennoch: Warum so viel Leid durch Menschen in der Welt? Der Vorhang zu – und alle Fragen offen. Verflixt!

Die Religionssoziologen sprechen vom sogenannten »Altersatheismus«. Danach wird der persönliche Unglaube mit fortschreitendem Alter intensiver als der persönliche Glaube. Kann ich auch verstehen. Wenn man zum Beispiel erlebt, wie man körperlich mit zunehmendem Alter immer hinfälliger, hinfallender wird. Wenn das Leben nur noch ein verzweifelter Kampf gegen den Prozess des Sterbens, ja, gegen den Tod selbst wird. Und keine Zeit und Kraft mehr ist, den Gott zu loben, »der alles so herrlich regieret«. Ich will aufhören damit.

Jedenfalls will sich religiös oder glaubenstechnisch nicht viel Positives dazu einstellen. Lieber will ich ehrlich sein, als zu den Gesundbeterinnen und Gesundbetern und zu den Schönrednern zu gehören.

Eine durchaus positive Erfahrung ist es, dass das Alter mehr Klarheit, mehr Übersicht mit sich bringt. Wenn der Verlauf des Lebens im Guten wie im Bösen die Dinge gesichtet und gerichtet hat und ich deutlicher sehen kann, für was es sich noch zu leben lohnt auf der letzten Strecke. Und da bin ich dankbar dafür, dass noch einiges »geht«.

Ob sich in der Wahrnehmung des Älter- und Altwerdens ein tiefer Graben zwischen Männern und Frauen in Glaubensdingen auftut? Ich habe immer mehr meine Zweifel daran.

Immer noch sind die Sätze in meinen Ohren, die die Männer in meiner Jugend zum Besten gaben: »Die Frauen sollen in die Kirche gehen und nicht jammern! Religion ist etwas für alte Weiber!« Und die Institution Kirche hat das Ihre dazu getan, dass Frauen »unten« blieben, gerade nicht von ihrem Glauben und seinen Veränderungen im Altwerden sprechen, berichten durften. Das hat sich – ganz langsam – verändert im Verlauf der letzten Jahrzehnte. Emanzipierte junge und alte Frauen wollen nicht mehr in einem Kirchenmännerhaus wohnen, in dem die Fenster verschlossen sind und geschlossen bleiben und die Luft vermieft ist.

Noch einmal: Gibt es wirklich gravierende Unterschiede zwischen Frauen und Männern bei diesem Thema? Glauben Frauen wirklich anders? Haben Frauen anders geglaubt? Werden Frauen je anders glauben als Männer?

Einen nicht unbedeutenden Unterschied habe ich schon früh festgestellt. Als ich in die wilden Jahre kam und die Kritik an der Kirche und die Zweifel am Glauben und an Gott raus mussten, habe ich die Großmutter im Schwarzwald als Echowand dafür gewählt. Sie war eine fromme Frau, zog sieben Kinder groß. Das älteste war zwölf Jahre alt und das jüngste sieben Monate, als der Vater starb. Ein Kind war geistig behindert und wurde von Hitlers Vollstreckern abgeholt und getötet. Zwei Söhne verlor sie im Krieg und einen weiteren an den Spätfolgen des Krieges. Jedes Jahr fuhr sie nach Lourdes. Sie saß in ihrem Lehnstuhl und hörte sich meine Kritik ruhig und gelassen an. Als ich zu Ende war, sagte sie nur einen Satz, der mir in lebhafter Erinnerung geblieben ist: »Oh, sei ruhig, Bub! Es menschelt bis zum Gottvater!« – Ich habe später immer wieder über diesen Satz nachgedacht und tue es auch heute noch. Ob diesen Satz ein Mann so hätte sagen können? Ich weiß es nicht. Es war ein Satz einer tiefen inneren und äußeren Gelassenheit. Und das nach einem Leben, das nicht von Pappe war. Der Satz hat auf Einwände verzichtet. Ich hätte als junger Mann vermutlich nach Gegenargumenten gesucht und eine Auseinandersetzung angefangen. Sie nicht. Obwohl sie Anlässe zum Hadern genug gehabt hätte. Einmal nahm sie mich mit zu einer befreundeten Bauernfamilie. Wir saßen in der Bauernstube unter dem Herrgottswinkel, der das Kreuz barg. Die alte Bauersfrau schob mir ein Totenbildchen über den Tisch. Es war mehrfach gefaltet. Die sieben Söhne, die sie zur Welt gebracht hatte, waren alle im Krieg »gefallen«. Der erste 1939. Der zweite 1940, der dritte 1941, der vierte 1942, der fünfte 1943, der sechste 1944, der siebte 1945. Und dann war der Krieg aus. Und der Glaube an Gott so ziemlich auch. Ich sehe sie immer noch dasitzen. Sie blickte nach oben in den Herrgottswinkel, begann zu weinen und sagte: »Den da oben verstehe ich nicht mehr! Der sagt dazu nichts!«

Ich »weiß« heute, da ich alt werde, dass ich angesichts der langen Strecke mit ihren zahlreichen endlichen und unendlichen Erfahrungen nicht ohne ein letztes auch noch so von Zweifeln angefressenes Vertrauen leben und sterben kann. Sonst müsste ich alles abreißen. Das will ich nicht. Dazu habe ich mich entschieden. Aber auch diese Entscheidung bleibt von Zweifeln bedroht.

Gibt es wirklich den großen Unterschied in den Veränderungen des Glaubens im fortschreitenden Alter zwischen Frauen und Männern?

Lea Ackermann

Der Glaube an Gott ist ein Geschenk. Ich bitte darum, ihn nie zu verlieren

Der Blick nach vorne wird kürzer, denn es bleibt nur noch wenig Lebenszeit. Der Blick zurück wird länger. Viele Lebensjahre hatte ich die mir geschenkte Chance zu nutzen. Voller Dankbarkeit sehe ich auf mein langes Leben und sage dem lieben Gott Danke, dass so vieles einen guten Ausgang nahm.

Mein Leben war nicht immer so gefahrlos, wenn ich an manche Situationen in Ruanda und Kenia oder auch an mein Abenteuer auf dem Meer vor Indien denke. Es gab sie immer, die gefährlichen Momente. Und jedes Mal habe ich dem lieben Gott gedankt für jeden guten Ausgang.

Aber das größte Abenteuer steht mir noch bevor, und immer öfter, täglich, manchmal stündlich, denke ich daran: an den Abschied aus diesem Leben. Was kommt dann auf mich zu? Was gibt es danach? Gibt es ein Danach? – Diese letzte Frage stelle ich mir kaum. Ich lasse sie einfach nicht zu. Sie kommt mir vor wie eine Beleidigung Gottes.

Gibt es Gott? – Allein diese Frage kommt mir vor wie eine Gotteslästerung!

Wenn ich mein gegenwärtiges Leben anschaue, finde ich mich oft sehr einsam. Die Kinder sind aus dem Haus. Ich hatte keine eigenen. Als Ordensschwester ist das auch nicht vorgesehen. Aber ich habe zwei Kinder großgezogen, deren Mütter in Ausbildung oder Arbeit waren und deswegen nicht für Babys und Kleinkinder sorgen konnten. Ich habe sie aufgenommen und bis zum Jugend- und Erwachsenenalter bei mir gehabt. Sie sind selbstständig geworden. Gott sei Dank, denn sie müssen ja weiterleben, wenn ich nicht mehr bin. Aber es macht mich einsamer.

Viele liebe Menschen aus meinem engsten Freundeskreis sind in den letzten Jahren gestorben. Sechzehn Todesanzeigen habe ich neben meinem Schreibtisch aufgebaut. Alle sprechen zu mir von Menschen, die mir besonders nahestanden. Sie haben die letzte Reise schon angetreten. Ich werde ihnen bald folgen.

Oft ist das der Inhalt meines Gebetes: »Gott, ich gehöre dir, du hast mich bis jetzt nicht im Stich gelassen! Auf dich vertraue ich.« – Ich bin keine Frau der langen Gebete, Meditationen waren für mich immer sehr anstrengend. Trotzdem habe ich, bevor ich ins Kloster ging, als junges Mädchen jedes Jahr eine Woche Exerzitien gemacht, und ich habe an Wallfahrten teilgenommen. Ich war ein frommes Mädchen. Aber so richtig beten, versinken im Gebet, wie man das von Ordensfrauen erwartet und gewohnt ist, das habe ich mir oft gewünscht. Aber ich konnte es nie.

Als ich ins Kloster eintrat, hatten wir vom ersten Tag an, so meine Erinnerung, morgens nach der ersten Gebetstageszeit, der Laudes, eine geschlagene Stunde Meditation. Aus den Augenwinkeln betrachtete ich meine Mitschwestern. Sie schienen im Gebet versunken. Aber ich rang um jeden frommen Gedanken. Ich habe zum lieben Gott gesagt: »Ich schenke dir meine Knie! Zu mehr bin ich nicht fähig.« Ich blieb also knien und habe mich nicht gesetzt.

Aber unterwegs, beim Wandern, oder einfach wo immer ich gerade bin, denk ich an Gott und »weiß«, spüre, fühle, mal mehr mal weniger: »DU bist bei mir!« Ganz einfache Gebete kommen mir in den Sinn: das »Vaterunser« zum Beispiel. Und dieser Gedanke beschäftigt mich dann sehr: Wie ist er unser Vater? Oft bete, bitte ich um einen kurzen, schmerz- und leidlosen Tod. Aber vorher will ich mich noch verabschieden können von allen Menschen, die um mich herum leben, denen ich nahestehe.

Noch einmal: Kommt der Gedanke, die Frage auf: »Gibt es Gott?«, dann entschuldige ich mich sofort wieder für diese Frage, weil ich sehe, wie viele meiner Einsätze und Unternehmungen erfolgreich waren. Ich wollte den Armen, den Frauen und Kindern helfen. Und ich habe dabei Gott inständig gebeten, mich nicht im Stich zu lassen. Er hat mich nicht im Stich gelassen.

Ich stelle auch einmal die Gegenfrage: Wenn es Gott nicht gibt? Wie ist dann alles entstanden? Purer Zufall? – Das muss man auch glauben! Wissen kann man es trotz aller Wissenschaft nicht. Ich bin der Meinung, dass ein Atheist oder eine Atheistin mehr glauben muss als jemand, der oder die an Gott glaubt.

Wir Christinnen und Christen glauben doch, dass Gott der Schöpfer und Erhalter allen Lebens ist. Und immer wieder flehe ich zu Gott: »Alle Menschen sind deine Kinder. Und wie alle Eltern hast du ein Interesse, dass es deinen Kindern gut geht. Lass mich bitte nicht im Stich!« – Und ER hat mich wirklich nicht im Stich gelassen mit meiner Sorge, Anstrengung, Arbeit und Hilfe für seine chancenlosen Töchter. 83 Jahre lang bis jetzt nicht.

Und besonders nicht in den letzten 35 Jahren, in denen es das Werk SOLWODI gibt, das ich in Mombasa mit den Frauen zusammen gegründet und damit ihrem Leben eine neue Ausrichtung gegeben und ein konkretes Einkommen geschaffen habe. Das war ohne die Hilfe Gottes nicht möglich. Alleine, aus eigener Kraft hätte ich das nicht geschafft.

Wie wird es sein nach dem Tod? Was »kommt« danach? Kommt noch etwas danach? Oder ist mit dem Tod alles aus?

Ich wische diese existenziellen Fragen nicht einfach beiseite. Viele Menschen stellen sie. Immer wieder. Auch ich kann ihnen nicht ausweichen. Und sie können auch Angst machen. Es einem eng werden lassen.

Ich glaube jedoch daran und bin felsenfest davon überzeugt, vertraue darauf mit der ganzen Kraft meines Herzens: Gott wird mich nicht einfach ins Nichts fallen lassen. Ich werde in seine gütigen Hände fallen. Ich bin sein Eigen.

Insofern hat sich mein Glaube geändert: Er ist »fester«, vertrauensvoller geworden. Trotz aller Zweifel und trotz aller Fragen, die zwangsläufig angesichts vieler Schicksale, denen ich begegnet bin, trotz aller auch schrecklichen Erfahrungen, die ich machen musste, aufgekommen sind und sich stellen, bis in die Gegenwart hinein.

Der Glaube an Gott ist ein Geschenk, das mein Leben reich und reicher gemacht hat. Ich danke für dieses Geschenk. Ich danke für den Glauben und bitte, ihn nie zu verlieren.

2. Wortwechsel

Albus

Lea, mir kommt es jetzt so vor, als ob wir eine wirkliche Auseinandersetzung miteinander haben – zwischen einer, die einen festen Glauben hat und darum Gott bittet, ihn nicht zu verlieren, und einem, dem immer mehr Zweifel kommen angesichts seiner Lebenserfahrungen, dem Gott langsam abhandenkommt.

Ich bin erstaunt, dass du angesichts deiner Lebenserfahrungen immer noch einen festen Glauben hast.

Ackermann

Ich bin schon sehr betroffen über deinen Weg, über deine Erfahrungen. Du hast so viel Leid und Gewalt erfahren müssen. Das schmerzt mich richtig. Davor bin ich einfach verschont geblieben. – Die Sicherheit im Glauben empfinde ich als ein großes Geschenk, das mir einfach gegeben wurde. So viel konkretes Leid habe ich nicht erfahren müssen.

Albus
Das kann ich jetzt nicht verstehen. Du hast doch in deinem Leben unglaublich viel Leid und Gewalt und Brutalität gegenüber Frauen in Afrika und in Europa erleben müssen. Frauenhandel und brutale Prostitution. Da hast du doch in Abgründe geschaut, die tief und dunkel waren. Oder war das nichts?

Ackermann
Ja, ohne Zweifel, ich habe in schreckliche Abgründe blicken müssen. Wenn ich nur an das Kinderheim in Afrika denke, wo ich Kindern aus den Slums begegnet bin, im Alter von vier bis vierzehn Jahren, die alle missbraucht worden sind. Das betrifft mich, rührt mich an. Aber ich denke, es ist nochmal was anderes, wenn das eigene Kind stirbt, als wenn man fremdes Leid sieht und sich sagt: Das habe ich kennengelernt und das verändere ich jetzt! Das war immer mein Bestreben: Wo kann ich ansetzen, damit es einem Menschen, konkret, Frauen und Kindern besser geht?

Albus
Hast du außer der konkreten Hilfe für konkrete Menschen erreicht, dass das Leid, die Gewalt und die Bosheit aus der Welt geschaffen wurden?

Ackermann
Nein! – Mir war immer bewusst, dass ich das Böse nicht aus der Welt schaffen kann. – Ich kann nicht alle Frauen retten. Das will ich auch nicht! Ich kann nur der, die vor mir steht und die ich jetzt kennengelernt habe, helfen. Und dann sage ich: »Lieber Gott, hilf mir, dass es jetzt mit meiner Hilfe dieser Frau besser geht!« Das war und ist mein Ansatz. Und die ganze Arbeit von SOLWODI ist für mich eine einzige Glaubensbestärkung. Ich habe mit nichts angefangen, kein Geld, kein Garnichts hatte ich. Heute gibt es 30 Beratungsstellen. Davon 19 in Deutschland. Natürlich mache ich auch Fehler bei dieser Arbeit. Wer macht keine Fehler?

Albus
Ich will eine Schicht tiefer bohren. Einen Riesenrespekt habe ich vor dir und deiner Lebensleistung. Frage aber: Was sind wir Menschen eigentlich für Typen? Wir sind immer und überall bereit zum Bösen. Und es hört nicht auf. Wir hören nicht auf damit! Das Böse, die Gewalt gehören zu unserer menschlichen Grundausstattung, zu unserer DNA.

Ackermann
Da habe ich eine völlig andere Einstellung und Auslegung. Die mag naiv sein. Ich denke: Gott nimmt jeden einzelnen Menschen ernst. Was mir begegnet, auch an Bösem: Das ist unser, mein Leben! Das ist wie ein Brocken Lehm – und da machen wir, oder mache ich, etwas daraus – oder nicht. – Ob das ein Gott zulässt oder nicht? Die Frage ist für mich zweitrangig angesichts dessen, was mir widerfährt. Was mir widerfährt, das ist meine Chance. So sehe ich's. Ja, vielleicht ist das naiv. – Wenn ich aber sehe, was zurzeit in der Welt

an Kriegen abläuft, zugegeben, da passt meine Einstellung gar nicht drauf. Ja, ich weiß …!

Vor Kurzem habe ich Exerzitien gemacht. In einer Messe, die wir dort gefeiert haben, ging es in den Lesungen um Ester, die Frau aus dem Alten Testament, die ihr Volk dadurch rettet, dass sie den König umstimmt und vom Bösen abhält. Und es ging auch um die heilige Edith Stein, die, als sie von den Nazischergen mit ihrer Schwester zusammen in Holland ins KZ abgeholt wurde, sagte: »Komm, wir gehen für unser Volk!« – die Juden. Da habe ich ein Bild in mir gesehen, wie sie nackt in der Gaskammer steht und alle andern sich um sie geschart haben. Sie haben sich alle an sie gehängt, weil sie die Standfeste war. Dieser gewaltsame Tod war ja nur ein kurzer Augenblick. Und dann sah ich sie in der »Ewigkeit«, die alles Zeitliche ausgleicht. Das ist mein Bild gewesen in diesem Augenblick. Das macht nicht weniger betroffen angesichts der Brutalität, die der Mensch dem und den Menschen zumutet.

Albus

Bis zu dem Punkt völlig einer Meinung mit dir! Helfen, innerlich fassungslos, aber dennoch helfen, ja, das in jedem Fall. Helfen, helfen, helfen! Das ist eine der ganz wenigen Möglichkeiten, auf unsere Ohnmacht zu reagieren. Aber wir sind und bleiben ohnmächtig. Fast immer oder sehr oft.

Du hast vorhin das Wort »naiv« gebraucht. Ich habe nichts gegen »naiv«. – Das Denken und Theoretisieren bringt einem im Endeffekt auch nicht entscheidend weiter. Es ist wichtig, ändert aber nichts oder nicht viel an den Grundlagen, an den Gegebenheiten, an der Verfasstheit dessen, der denkt.

Die Ausgangsfrage für diesen Wortwechsel war ja, wie sich im Älterwerden, im Alter unser Glaube, unsere Religiosität verändert. Ich frage dich: Woher hast du die Sicherheit, für die du dankbar bist? – Und ich frage mich, woher kommen meine Unsicherheit, meine Zweifel, die immer mehr wachsen, je älter ich werde? Warum sind wir so, wie wir sind? Warum neigen wir, neigt der Mensch unentwegt zum Bösen? Ich kann noch weiter fragen: Warum müssen wir sterben? Warum schafft ein Gott einen Menschen, von dem er weiß – wenn er's »wusste«! –, dass er sterben wird und muss? Warum ist der Geburtstag der erste Sterbetag?

Ackermann

Ich denke aber doch: Gott gibt mir mit dem Leben eine Chance. Du hast eine absehbare, bestimmte Zeit, in der kannst du angesichts der Umstände, die du am Wegrand vorfindest, etwas Positives frei gestalten. Gleich, ob du dich für oder gegen »Gott« entscheidest, den Apfel vom Baum nimmst und ihn verzehrst, weil du Gott nicht glaubst und »es« mal ausprobieren willst – oder den anderen Weg gehst, einverstanden bist und sagst: Das ist der sinnvollere Weg – gegen den Hass und gegen die Gewalt. Das will ich mit meinem Leben machen.

Albus

Noch einmal: Respekt vor deiner Entscheidung. Aber dann musst du »Gott« verteidigen angesichts des Leids in der Welt. Denn das hat er dann auch geschaffen. Die alte Frage der Theodizee. – Gott kann nicht so viel Leid in der Welt gemacht haben, wenn er angeblich ein liebender Gott ist. Ehrlich gesagt: Angesichts dessen, was ich – das hat auch etwas mit dem Älterwerden zu tun – gesehen und in der Welt erfahren habe, will ich Gott gar nicht mehr verteidigen. Ich frage nach meiner, nach des Menschen Verantwortung für den Mist, den er angerichtet hat und ohne Ende anrichtet.

Ackermann

Da gebe ich dir absolut recht! In dem ganzen Theologiegebäude, das vor uns so aufgebaut wurde im Laufe der Jahrhunderte, ist mir viel zu viel Spekulation.

Albus

Nach den Erfahrungen, die ich in Bogotá und hier bei uns, in meinem Leben gemacht habe, sind die meisten Gedankenkonstruktionen der Theologinnen und Theologen für mich völlig überflüssig geworden. Ich kann darauf verzichten. Vor allem, wenn keine persönliche Erfahrung dahintersteht.

Woher nimmst du die Sicherheit für deinen Standpunkt, frage ich mich und immer wieder dich, dass dein Glaube unerschütterlich ist und dass Gott dich behütet und beschützt, angesichts der erfahrenen Abgründe deines von Gott geschaffenen Lebens und angesichts der von Gott geschaffenen Welt? Woher nimmst du diese Zuversicht? – Sicher, du hast dich am Anfang deines Weges einmal für diese Haltung, für diesen Glauben entschieden. Das haben viele andere auch und konnten dann diese Entscheidung angesichts des »glorreichen« Lebens nicht mehr durchhalten. Was oder wer gibt dir die Kraft, diese Entscheidung bis heute durchzuhalten? Hat das vielleicht auch etwas damit zu tun, dass du eine Frau bist?

Ackermann

Das frage ich mich verwundert und verwundet oft selbst. – Ich denke, diese Haltung kommt auch von meiner Mutter. Sehr viel geschieht in den ersten Jahren.

Albus

Aus der frühkindlichen Entwicklungspsychologie wissen wir, dass in den ersten drei Jahren die entscheidenden Prägungen geschehen.

Ackermann

Ich erinnere mich: Ich bin etwa drei oder vier Jahre alt. Wir stehen am Bahnhof in Saarbrücken. Es wird geschossen um uns herum. Und eine Bombe wird in der Nähe abgeworfen. Meine Mutter geht noch zu dem Waggon, in dem unsere Habseligkeiten verstaut waren, und schaut, ob noch alles da ist, und lässt mich so lange allein stehen in diesem Inferno. Keinen Augenblick erinnere ich mich da an Angst. Denn die Mutter, meine Mutter, war ja »da«. Das, meine ich, kann wieder als naiv verstanden werden. Aber diese unumstößliche Sicherheit hatte ich: Die Mutter hat alles geregelt. Es kann mir nichts passieren.

Albus

Das hat mit Grundvertrauen etwas zu tun?

Ackermann

Ja, damit hat es zu tun!

Albus
Jetzt hast du eine Quelle deiner Unerschütterlichkeit im Glauben an Gott genannt. Nun hast du aber auch im Laufe deines langen Lebens, früh in Afrika schon, Dinge gesehen, Erfahrungen gemacht, die – nehmen wir mal an, ich bin jetzt Lea Ackermann – mich aus der Fassung gebracht hätten und IHM hätte die Frage stellen lassen, entgegenschreien lassen: Warum hast DU Menschen erschaffen, die zu so etwas fähig sind? Zum Beispiel, andere zu missbrauchen? Oder sie gar noch im Namen Gottes zu enthaupten?

Ackermann
Ich bleibe dabei, bei meinem vorhin schon angedeuteten Bild: ER, Gott, gibt wirklich die Freiheit. Und wir können sie so oder anders nutzen. Und es ist ein Augenblick unseres Daseins hier auf der Welt. Wir sehen und erfahren hier nur einen kurzen Augenblick. 80 Jahre oder so, wenn's hochkommt. Und wir meinen, das sei so lange gewesen. – Aber in den Augen Gottes und im Angesicht der Ewigkeit ist das nur ein Augenblick. So sehe ich das!

Ja, klar: Ich war schon oft in Situationen, in denen mir die Luft wegblieb. Als ich kurz nach dem Krieg in Ruanda mit dem ersten Flieger dorthin kam und die Leichen in den Straßen liegen sah. Oder die sterbende Mutter, die ihr Kind noch in den Armen hielt und ich dachte: Ich kann ihr das Kind doch nicht wegnehmen, aber wenn ich es nicht tue, dann wird das Kind auch bald sterben! Da war ich schon echt verzweifelt. Aber ich habe damit keinen Augenblick Gott in Zusammenhang gebracht.

Albus
Zu Gott noch eine Frage. Du schreibst einmal in deinem Text, dass ein Atheist mehr glauben muss als ein Theist.

Ackermann
Ja, der Auffassung bin ich!

Albus
Und ich frage dich ganz radikal dagegen: Gibt es diesen Gott, an den wir zu glauben vorgeben, wirklich und wahrhaftig? Oder ist er doch nicht nur eine Erfindung, ein Gedankenkonstrukt, eine Projektion von uns?

Ackermann
Es ist auf jeden Fall auch ein Konstrukt! Aber Gott ist für mich so groß und so anders, dass wir immer nur Ausschnitte, Bruchstücke konstruieren, um überhaupt etwas von ihm zu begreifen. Das ist mir auch klar. Gott ist größer als alles, was gedacht werden kann. Den Satz kennst du doch als Theologe! Oder?

Albus
Wenn zum Beispiel der Papst – bei Benedikt XVI. ist mir das am meisten aufgefallen – zu Beginn einer Predigt oder einer Ansprache sagt: »Gott spricht«, dann denke ich mir oder frage ich: Wo spricht er denn? Wo hat er denn gesprochen? Wo oder wie hast du, Papst, ihn denn gehört? Wie hat er gesprochen? Ich habe ihn noch nie sprechen gehört!

Ackermann
Das ist eine Blasphemie! Ich kann das nicht ertragen, wenn jemand, und dann noch der Papst, so spricht! Deshalb habe ich den Theologen Karl Rahner so geliebt, so geschätzt: Er hat umfangreich Gott zu erklären und zu beschreiben versucht, in allen Facetten und Farben. Und dann hat er sinngemäß gesagt: Wir dürfen nie vergessen: ER ist ganz anders! Das habe ich so glaubwürdig gefunden.

In meiner Vorstellung, in meinem Glauben sind wir Kinder Gottes. Wir sind von ihm geschaffen, ja! Also haben wir auch göttliche Gene in uns. Und wir suchen alle nach unserem Ursprung. Und wir haben eine Ahnung davon in uns. Das siehst du doch zum Beispiel bei den Menschen im Urwald, die nie etwas vom christlichen Glauben gehört haben. Die haben ein Ahnen, dass es etwas gibt, was sie nicht begreifen, was ihre Gedanken und Gefühle übersteigt, das sie aber verehren.

Albus
Ich glaube auch, dass zur Grundausstattung des Menschen neben der Fähigkeit und Möglichkeit zu Liebe und Hass auch so etwas wie »Religion« gehört.

Ackermann
Ganz bestimmt!

Albus
»Religion« hat bei uns in Europa ja auch eine ganz andere Geschichte als in anderen Erdteilen und Kulturen. Karl Marx (1818–1883) nannte die Religion, die er bei uns, im sogenannten christlichen Abendland, erlebt hat und die er gut

kannte, wie sein Abiturzeugnis ausweist, den »Heiligenschein des Jammertals«. Diesem Jammertal, von dem man glaubt, dass es Gott auch geschaffen hat, dem musste man einen Heiligenschein verpassen, damit es überhaupt erträglich wird. Immerhin spricht ja auch das »Salve Regina«, das dir als Ordensfrau gut bekannt ist, von »diesem Tale der Tränen«. Das ist unsere Welt, in der wir Marias Hilfe brauchen.

Ich bleibe hartnäckig: Wir geben unserem Nichtwissen, unserer Vergeblichkeit und Vergänglichkeit, unseren Abgründen, weil wir es kaum aushalten, den Namen GOTT. Wir hätten ihm auch einen anderen Namen geben können.

Ich weiß immer weniger, ob es IHN, diesen Gott, gibt. In solchen Erfahrungen wie in den nächtlichen Straßen Bogotás wurde mir das besonders und zugespitzt bewusst. Ich habe mir, nicht nur dort, die Frage nach Gott verboten. Obwohl aufgrund unserer religiösen Sozialisation, unserer katholischen Eingemeindung, deiner und meiner, sich die Frage uns unwiderstehlich aufdrängt.

Unter den Atheisten in der Moderne, bei Albert Camus (1913–1960) etwa, beobachte ich eine Radikalität, die etwa so aussieht: Mein Leben gewinnt an Substanz dadurch, dass ich die Abwesenheit Gottes als Anstoß dafür nehme, das zu tun, was notwendig ist. – Siehe die Auseinandersetzung zwischen dem Arzt Rieux und dem Pater Paneloux in Camus' »Die Pest«.

Ich habe die Sicherheit nicht, von der du sprichst. Die Zweifel wachsen und können durch wohlfeile religiöse oder kirchliche Sätze nicht zum Verstummen gebracht werden. Ich bemerke, wie mir »deine« Sicherheit immer mehr flöten geht.

Ackermann
Ich finde: Du beziehst immer alles auf Gott. Du fragst, warum Gott »das alles« zulassen kann.

Albus
Nein, das frage inzwischen ich nicht mehr. Da hat sich aufgrund meiner Lebens- und Todeserfahrungen etwas verändert. Diese Frage habe ich verlernt. Sie ist verstummt.

Ackermann
Gut, dann stellst du sie eben nicht mehr! – Für mich ist und bleibt es so: Gott hat uns ein kleines Stück Leben gegeben. Und daraus kannst du, können wir etwas Gutes machen. Die Ausstattung, etwas Gutes daraus zu machen, haben wir auch. Wir haben nicht nur den Hang und Drang zum Bösen. Aber klar: Du kannst auch alles ins Gegenteil verkehren. Und was die Menschen dann alles an Mist und Unglück in die Welt bringen, das laste ich dann nicht mehr Gott an.

Albus
Das erinnert mich an die »eschatologische Liste« von Ruth Pfau (1929–2017). Die Ordensfrau und Ärztin, die nach einem halben Jahrhundert in Pakistan 2017 gestorben ist. Sie hat, ähnlich wie du, das Elend und das Leid gesehen und Hand angelegt und nicht lange theoretisch oder theologisch diskutiert. Und was sie nicht ändern konnte, das hat sie auf die »eschatologische Liste« gesetzt, die sie »nachher« Gott vorlegen, vorhalten wollte. Sie war gespannt darauf, ein Leben lang, was ER dazu sagen würde. Aber gegen Ende ihres langen Lebens hat sie mir einmal gesagt: Die Liste ist jetzt

voll, kein Platz mehr ist darauf. Und Gott war für sie »dunkel« geworden. Es wird immer schlimmer. ER schweigt immer mehr, wird hartnäckig in seinem Schweigen, bemerkte sie.

Sicher hat das auch etwas mit dem zunehmenden Alter zu tun. Wie wir erleben und erfahren müssen, dass wir weniger werden, unwiderruflich zum Sterben und zum Tode verurteilt sind. Wirklich! Nicht theoretisch! Deine »Sicherheit« hätte ich auch gerne. Habe sie aber nicht. – Ich will dich nicht ärgern, aber meine Frage bleibt nicht überzeugend beantwortet: Woher diese Sicherheit? – Sorry!

Könnte das möglicherweise auch damit zu tun haben, dass du eine Frau bist und ich ein Mann?

Ackermann

Es könnte sein, dass Männer viel rationaler sind. Vielmehr das Rationale zulassen als Frauen. Männer sind da, glaube ich, anders als Frauen. Manchmal denke ich, dass Frauen sich das Rationale zu viel abgewöhnt haben.

Albus

Jetzt musst du aber aufpassen, dass du dir nicht selbst eine verhängnisvolle Falle stellst. Nach dem Motto: Männer können denken. Frauen weniger oder gar nicht!

Ackermann

Nein, nein! So nicht! – Richtiges Denken ist für mich nicht pur rational. Das Denken ist reicher, wenn das Herz mitdenkt.

Albus
Das heißt doch: Für dich spielt bei deinem Glauben nicht nur das Denken eine Rolle, sondern vor allem andern die Erfahrung?

Ackermann
Ja, genau!

Albus
Ich habe den Eindruck, dass dein Glaube mehr emotional bestimmt ist. Ist ja auch nicht verkehrt. Ich bin sowieso der Auffassung, dass der Glaube im Grunde vor allem etwas Emotionales ist. Erfahrung geht vor Denken!

Ackermann
Ja, emotional kannst du meinen Glauben schon nennen. Ich glaube einfach, dass Gott immer wieder hilft. Das glaube ich vom Gefühl her vor allem – und von der Erfahrung her.

Albus
Und was machst du, wenn er nicht hilft?

Ackermann
Aber er hilft ja! Nur manchmal anders!

Albus
Wie anders? Das ist jetzt spannend.

Ackermann
Also: Wir haben hier eine junge Frau aus Albanien. Sie ist vor einiger Zeit hierhergebracht worden mit dem Versprechen, sie könne in Deutschland in einem Restaurant arbeiten und Geld verdienen. Anstatt in ein Restaurant kam sie gleich nach der Ankunft in ein Bordell. Dort hat sie sich die Schlagadern geöffnet, weil sie so nicht leben wollte. Irgendwie hat sie es dann doch noch mit Hilfe der Polizei geschafft, rauszukommen und am Leben zu bleiben. Dann wohnte sie bei uns im Frauenhaus. Bald aber war sie wieder so verzweifelt, weil sie keine Daueraufenthaltsgenehmigung bekam. Sie wollte in den Rhein gehen. Ich war da unten irgendwie in der Nähe zu diesem Zeitpunkt. Und jemand aus dem Frauenhaus hat auch bemerkt, dass es ganz schlecht mit ihr stand. Sie ist ihr nachgegangen und hat sie in letzter Minute festgehalten und davor bewahrt, ins Wasser zu gehen. Ich war sofort da, habe den Notdienst angerufen und sie in die Psychiatrie gebracht. In den Exerzitien habe ich dann Gott darum gebeten, dass er mir die Kraft gibt, den Landrat umzustimmen, sich dafür einzusetzen, dass sie die behördliche Daueraufenthaltsgenehmigung bekommt. Ich bin dann einfach zu ihm hin und nahm mir vor, mich dort in die Tür zu setzen und nicht mehr wegzugehen, bis er die Genehmigung erteilt hat. Ich habe dann auch schnell einen Termin bekommen. Tags darauf war ich um neun Uhr dort. Zwei Stunden habe ich mit dem Knallkopf geredet. Ergebnis nach vielen Versuchen, sich rauszureden: Er setzt sich jetzt ein, dass sie die Genehmigung bekomme. Dazu brauche sie nur nach Tirana zu gehen. Er würde dafür sorgen, dass sie dort auf der Deutschen Botschaft ein Visum bekommt, mit dem sie dann legal in Deutschland einreisen

könnte. – Total bescheuert! Total daneben! – Wie soll denn das geschehen? Er hatte keine Ahnung von den Verhältnissen dort. Ich habe ihm vorgeschlagen, dass er mit der Frau in seinem Auto nach Tirana fährt und alles dort mit ihr erledigt. Das wäre für ihn doch auch eine neue Erkenntnis und Erfahrung. Und ich fragte ihn, wer denn die Reisekosten übernehmen sollte? – Er sagte mir daraufhin, dass er die Kosten übernehmen würde. Ich sollte es aber niemandem sagen! Das ist alles völlig daneben!

Albus
Und jetzt? Wie ist die Situation jetzt? Wo hilft Gott hier – und anders?

Ackermann
Tja! – Es ist aus meiner Sicht noch alles in der Schwebe. Nichts ist entschieden. Er weiß aber darum. – Ich werde die Frau verschwinden lassen, damit sie nicht abgeschoben werden kann. Die weiteren Schritte überlege ich mir gerade. Aber ich bin doch ein wenig sicherer geworden, dass es am Ende gut gehen wird.

Albus
Woher nimmst du die Sicherheit?

Ackermann
Da sage ich jetzt: Lieber Gott, du hast uns im Augenblick nicht direkt geholfen. Aber du hast doch sicher noch etwas in der Hinterhand, wie wir das anders hinbekommen!

Albus
Aber, wenn du nichts tust, tut Gott auch nichts! Oder?

Ackermann
Wenn wir nichts tun können, tut er vielleicht etwas, was wir nicht gleich erkennen können. – Ist das zu naiv in deinen Augen?

Albus
Ja und nein! – Ich weiß nicht …

V
Wie wollen wir noch leben – und sterben?

Ich denke an Jesus. Er blieb auf der Erde seiner Heimat. Er nahm es mit Irrtum auf und Hass und zeigte ein Reich, in dem beide überwunden sein würden. Er schützte sich nicht. Er ging in den Schatten, der über der Landschaft der menschlichen Seele lastet, und umarmte die verdüsterten Geschwister. Die Welt wird nicht zu retten sein anders als durch Menschen, die sich unter viel Last beugen. Sie wandern vielleicht irrend und bedroht über diese Erde, gefährdet innen und außen, geführt zugleich und begnadet, und sollen wissen, dass am Ende nichts bleibt, das nicht von der Liebe Gottes umfangen wäre.

Jörg Zink (1922–2016)

1. Was hoffen wir? Was sehen wir als unsere letzten Aufgaben?

Michael Albus

Wenn ich nichts schönfärbe oder gesundbete, dann weiß ich ganz schnell, wie ich noch leben möchte

Das sind ein paar knifflige Fragen, die es in sich haben. Und die einen außer sich kommen lassen können. – Im »noch«

steckt die Tatsache, dass es schon weit mit mir gekommen ist. Die meiste Zeit habe ich gelebt. Da beißt die Maus keinen Faden mehr ab. Bald ist's rum! Will ich noch etwas nachholen, was ich versäumt habe? Oder geht es darum, das zu tun, was mir noch unerfüllt, unvollendet erscheint? In meinem Leben und im Leben der Welt. Hinter dieser Frage steckt auch meine Auffassung von der gegenwärtigen Welt.

Zugegeben: Vor ein paar Jahrzehnten schien mir die Welt noch »heiler« als heute. Heil war sie nie, ist sie nie und wird sie nie sein. Sie bleibt eine Dauerbaustelle von Anfang an und auch nach mir und nach uns. Und irgendwie sind auch die Bauleute, selbst wenn sie sich Expertinnen und Experten nennen und es auch sind, unvollkommen, unvollendet.

In allem und allen ist eine Dauerbremse, die die herrlichsten und verrücktesten Visionen vom Leben Lügen straft. Ich denke an »Frau Welt« an den gotischen Domen des Mittelalters: Vorne eine schöne Frau, die Hinterseite: Schlangen, Käfer, Gewürm. Vorne hui und hinten pfui. Viel Fassade! Eitel ist alles.

Wenn ich nichts schönfärbe oder gesundbete, dann weiß ich ganz schnell wie ich noch leben möchte. – Auf keinen Fall im Reichtum und als Verbraucherfigur. Ich will bewusst leben. Aufrecht gehen. Nicht lügen. Mich nicht an anderen Menschen vergehen. Ich will in Würde leben. Auch ein bisschen mit dem Stolz auf das, was ich gut gemacht habe bisher. Und in Scham über das, was ich weniger gut oder schlecht gemacht habe. Ich möchte mehr Zeit haben für das, was mir wichtig ist. Das heißt: Ich möchte Wichtiges von Unwichtigem noch besser unterscheiden lernen. Schneller gewünscht als getan und erfüllt. Und ich möchte mich vor

Bitterkeit hüten über die Dinge und Eigenschaften, von denen ich heute schon weiß, dass ich sie zu Lebzeiten nicht mehr werde grundlegend ändern können. Damit möchte ich mich versöhnen.

Ich möchte Menschen finden, die mit mir in Freundschaft und Nähe die letzten Wege gehen. Ich möchte das nicht ganz alleine, mutterseelen- oder vaterseelenallein tun müssen. Die letzte Einsamkeit, der keine und keiner entkommt, reicht mir schon. Auch im Alter möchte ich noch neue Freundschaften schließen. Das sind für mich so ungefähr die Umrisse eines schönen Lebens in meinen alten Tagen. Von der körperlichen und seelischen Gesundheit ganz zu schweigen. Die wachsenden Gebrechlichkeiten und Unzulänglichkeiten möchte ich tapfer ertragen, damit nicht den anderen Menschen dauernd die Ohren volljammern. Damit stillschweigend einverstanden sein. Eine Ausgewogenheit finden zwischen Widerstand und Ergebung.

Und damit bin ich schon bei der Frage, wie ich sterben möchte. Das fängt schon damit an, dass ich mich ohne Resignation damit abfinden möchte, *dass* ich sterben muss. Ich wünsche mir ein wachsendes Einverständnis in das unabänderliche Schicksal. Aber ich möchte mir auch nicht die Frage verkneifen müssen, warum ich sterben muss. Dahinein ergebe ich mich nur mit Widerstand. Es ist eine Zumutung, dass ich, dass die Menschen sterben müssen. Wer sich so etwas ausgedacht hat, den kann ich nicht noch dafür loben und preisen.

Wenn ich schon sterben muss, dann bitte kurz und schmerzlos. Nicht lang und schmerzlich. Ich brauche das Sterben nicht dazu, um immer mehr geläutert zu werden von meinen Fehlern und Sünden. Oder »christlich« gesprochen, »Jesu Leiden« an meinem sterblichen Leib nachzuvollziehen, gar mitzutragen. Das habe ich immer schon einfach als krass empfunden, wenn kirchlich oder moralisch, was leider manchmal das Gleiche war, einem das als Sterbeaufgabe nahegelegt wurde. Das? – Nein, danke!

Ich sag's mal so: Ich möchte so sterben, dass mir die Neugier darauf nicht abhandenkommt, was danach kommt. Vorstellungen davon habe ich keine. Auch keine Illusionen oder Visionen. Wenn andere das brauchen, schreckliche oder schöne, dann sollen sie sie haben. Sie seien ihnen gegönnt, je nach Geschmack und Vorlieben und Vorleben.

Aber Hoffnung(en) habe ich schon! – Worauf ich hoffe? – In jedem Fall auf etwas, das ohne Leid und Schmerzen ist, wo es gerecht zugeht, wenn es zugeht. Ich hoffe, dass dann, danach »all Fehd ein Ende« hat und nur noch »groß Fried ohn Unterlass« herrscht. Und dass dann endlich die große Stille kommt nach all dem Lärm vorher. Das erhoffe ich mir – wenn »danach« noch etwas sein sollte. – Ganz schön märchenhaft und paradiesisch. Aber erlaubt.

Eine Geschichte, die meine Hoffnung auf das »Danach« nach dem »Davor« auf das Schönste zum Ausdruck bringt, habe ich im Talmud gefunden:

»Ein Rabbi ging des Öfteren über den Marktplatz eines kleinen Städtchens. Eines Tages erschien ihm dort der Prophet Elija. Und der Rabbi fragte ihn: ›Gibt es jemand unter den Leuten hier, die in die zukünftige Welt eingehen werden?‹ – ›Es gibt keinen‹, antwortete Elija. Später erschienen zwei Männer auf dem Markt, und Elija sagte zum Rabbi: ›Diese beiden werden in die zukünftige Welt eingehen.‹ Der Rabbi fragte die Neuankömmlinge: ›Was ist euer Beruf?‹ Sie antworteten: ›Wir sind Clowns. Wenn wir einen Traurigen sehen, bringen wir ihn zum Lachen. Wenn wir Streitende sehen, versuchen wir, Frieden zwischen ihnen zu stiften.‹«

So etwas sehe ich auch als meine letzte Aufgabe an, die ich hier und jetzt noch erfüllen möchte. Mindestens ansatzweise. Und in der Hoffnung darauf – das allerdings schon –, dass jemand anderer, wer auch immer, das vollendet, was ich nicht schaffen konnte und werde. Das müsste doch möglich sein, dass ein anderer *alles* vollendet. Alles, was der Vollendung bedarf. So wie es in einem Lied heißt, das auch ein Gebet ist in meinen Augen:

»Komm, Herr Jesus, komm, führ die Welt zu Ende,
dass der Tränenstrom sich in Freude wende.
Brenn das Haus der Zeit hin in deinen Feuern;
Wolle es erneuern in der Ewigkeit.«

Das wäre mein Wunsch, meine Hoffnung, meine sehnlichste Sehnsucht für die Zeit oder die Ewigkeit nach den Tagen der Wanderschaft über den Marktplatz, den wir Welt nennen.

Die Hoffnung stirbt zuletzt?
Nein, sie stirbt nicht.
Sie bleibt.
Über alle Hoffnung hinaus.

Lea Ackermann
Welche Zukunft nach dem Ende des Lebens vor mir liegt, weiß nur Gott

Ich habe mich nicht sehr intensiv mit dem Tod beschäftigt in meinem Leben, aber sehr wohl darüber nachgedacht, wie es einmal sein wird, wenn alle Wünsche, Vorstellungen, Lebensideale plötzlich ihre Erfüllung finden werden, weil die Zukunft im Jenseits Wirklichkeit geworden ist.

Ein Priester, 20 Jahre jünger als ich, den ich während seiner Studienzeit ein wenig begleiten konnte, starb vor Kurzem, ganz plötzlich, ohne Vorwarnung oder Krankheit. Nach der Priesterweihe besuchte er mich in Kenia und hatte sich freistellen lassen von seiner Diözese, um in der Mission als Priester wirken zu können. Er lebte arm und anspruchslos mit den Menschen seiner Pfarrei. Wo immer er als Priester wirkte in Afrika, Argentinien, Kuba, immer lebte er mit den Menschen die Gegenwart Jesu Christi. Er starb mit 62 Jahren ganz plötzlich, und zwei Jahre vorher hatte er sein Testament geschrieben. Es beginnt mit den Worten: »Habt keine Angst, ich gehe voraus, euch eine Wohnung zu bereiten« (Johannesevangelium 14,1–2). – »Im Haus meines Vaters gibt es viele Wohnungen. Wenn es nicht so wäre, hätte ich euch dann gesagt, ich gehe, um einen Platz für euch vorzubereiten?!« (Johannesevangelium 14,26)

Angeregt durch dieses Testament, kann auch ich ziemlich beruhigt meinen Gedanken zum Sterben und der Zeit danach Raum geben.

Wann wird das Ende meines Lebens sein? – Ich wünsche mir sehr, dass ich das eine oder andere noch gut zu Ende führen kann. Denke ich an die vielen Stöße angesammelter Aufgaben, brauche ich noch ein wenig Zeit, um einiges zu erledigen und anderes aufräumen zu können.

Wie wird das Ende sein? Plötzlich? Unvorhergesehen? – Wenn ich einen Wunsch in dieser Beziehung frei habe, dann wünsche ich mir noch eine kurze Zeit, um mich zu verabschieden von den Menschen, die jetzt noch ganz wichtig für mich sind. Dann würde ich aber auch gerne schnell in die liebende Gegenwart Gottes gehen, die nach dem Tod sicher anders gestaltet ist als vorher.

Welche Zukunft nach dem Ende dieses Lebens vor mir liegt, weiß nur Gott, sagt die Bibel. Mein Lieblingspsalm 139, ist ein zärtlicher Psalm: »… Ob ich gehe oder ruhe, es ist dir bekannt, du bist vertraut mit all meinen Wegen. Noch liegt mir das Wort nicht auf der Zunge, du, Gott, kennst es bereits. Du umschließt mich von allen Seiten und legst deine Hand auf mich …«

Dieser Gott, der mein Sein und Dasein bestimmt, er wird am Ende meines irdischen Lebens mein Sein danach ebenso bestimmen.

Angesichts einer Welt, in der täglich und nächtlich so viel Schreckliches geschieht, ist meine Sicht für viele Menschen einfach, ja naiv. Immer wieder höre ich dann die verzweifelte Frage: Wie kann Gott so etwas zulassen? In diese Welt hat er uns, ausgestattet mit Freiheit, gestellt, obwohl die individuelle Freiheit von sehr vielen Unfreiheiten eingegrenzt ist, aber wir können uns entscheiden, zum Guten beizutragen oder untätig zu sein und damit keinen positiven Beitrag zu leisten. Wenn Schlimmes geschieht, hoffe und bete ich, Gott möge einen Ausgleich schaffen hier oder im nächsten Leben. Gerne bete oder singe ich das Lied von Dietrich Bonhoeffer (1906–1945), das er kurz vor seinem schrecklichen Tod, seiner Ermordung, gebetet hat, und ich vertraue darauf, dass es für ihn und alle anderen in Erfüllung ging:

»Von guten Mächten wunderbar geborgen, erwarten wir getrost, was kommen mag. Gott ist mit uns am Abend und am Morgen und ganz gewiss an jedem neuen Tag.«

Wenn ich mein Leben betrachte, bin ich meiner Mutter vor allem dankbar und weiß heute, dass ich das, was sie für mich geleistet hat, nie wirklich geschätzt habe. Meine Mutter war die Selbstverständlichkeit in meinem Leben. Immer wieder: Mit ihr bin ich aus meinem Dorf geflohen vor Fliegerangriffen und vor den Bomben, die vom Himmel fielen. Unser Zug mit uns und unseren Habseligkeiten, die wir mitnehmen wollten und konnten, wurde bombardiert. Meine Mutter stieg aus, ging hinaus, um zu sehen, ob unser Gepäckwagen getroffen war. Es herrschte Panik zwar auch im Abteil, aber ich kann mich nicht erinnern, einen Moment Angst gehabt zu haben. Meine Mutter war ja da, da konnte mir doch nichts passieren. So gab es viele Momente in meiner Kindheit. Auf meine Mutter und später auch auf meinen Vater, der heil aus dem Krieg wieder zurückkam, konnte ich mich immer verlassen. Das gab mir in allem eine letzte Sicherheit in allen Unsicherheiten.

Ich bin meinen Eltern sehr dankbar, denn sie haben eine sichere Ausgangsposition in einer sehr gefährlichen und unsicheren Zeit gelegt. Ich denke oft, das ist die Grundlage, auf der ich heute auch meinem Ende ohne Angst entgegengehe. Bis jetzt, muss ich sagen, denn vielleicht kommen noch erschreckende Momente auf mich zu.

Es gibt noch eine andere Erfahrung, die mir hilft und meinen Glauben stärkt. Es ist die konkrete Erfahrung der letzten 35 Jahre. Meine zweite Berufung, die ich immer wieder als großes Geschenk sehe und glücklich darüber bin.

Ich bin sicher, dass Gott der Schöpfer von allem ist, was sichtbar für uns existiert, und dass wir noch lange nicht alle seine Geheimnisse kennen. Und dass er auch für meine Zukunft nach dem Tod gesorgt hat. Ich freue mich auf das, was kommen wird nach dieser Welt.

Aber ich hoffe und wünsche oft auch, dass Gott noch etwas warten kann, bis er mich heimholt.

Ich bin jedenfalls gespannt, was Gott noch mit mir vorhat. Gott ist ein liebender Gott. Das können wir heute schon in seiner Schöpfung bewundern. Er hat uns Jesus gesandt, der uns diese Liebe praktisch vorgelebt hat.

Wenn es uns gelingen würde, nicht nur in unserer Kirche, diese Liebe sichtbar zu machen, dann würde alles anders aussehen. In der Kirche würden dann nicht die Ämter, Titel und Posten an erster Stelle stehen, sondern ein gelebtes Miteinander. Das würde auch dem Evangelium entsprechen. Das wäre wie ein Vorschein auf ein Leben in der verheißenen, zukünftigen Welt, auf die ich hoffe.

2. Wortwechsel

Albus

Wie willst du noch leben, Lea? – Die Zeit, die dir – und mir – noch bleibt, wird immer knapper. Die Ressource an Lebenszeit wird schnell weniger. Und alles kann ganz schnell vorbei sein. Wenn ich jetzt »jetzt« sage, ist »jetzt« schon vorbei. Angesichts dessen erfährt die Frage eine deutliche Verschärfung, gewinnt an Rasanz: Wie willst du noch leben? – So wie bisher? – Oder hast du noch die Sehnsucht, anders zu leben als bisher? Immer in Betrieb? Ruhe ein Fremdwort?

Ackermann

Durch dieses Buchprojekt, mit dem du gekommen bist, habe ich eigentlich zum ersten Mal in meinem Leben angefangen, mir vertieft Gedanken zu machen, wie das bei mir ist mit dem Altwerden. Vorher habe ich dazu wenig, besser, gar keine Zeit gehabt. Es war mir auch gar nicht viel Wert, darüber nachzudenken. Und jetzt heißt es auf einmal: Mach mal halt! Denk mal nach über dein Leben!

Albus
Ist ja gut! – Ich stelle dir die Frage: Trägst du deinem tatsächlichen Alter, zum Zeitpunkt dieses Gesprächs zweiundachtzigeinhalb Jahre alt, Rechnung? Gib bitte mal eine ehrliche und nüchterne Antwort!

Ackermann
Nein, das tue ich nicht genug.

Albus
Die Alternative heißt übrigens nicht, hinterm Ofen zu sitzen und die Katze zu streicheln.

Ackermann
Ja, aber schau mal: Die Bücher, die du hier siehst, die will ich ja alle noch lesen!

Albus
Wann? Wo?

Ackermann
Weiß ich nicht. – Ich kann meine Kolleginnen, meine Mitarbeiterinnen ja verstehen, die auch Ängste entwickeln und sagen: Wie soll's denn weitergehen, wenn »die« noch alles in

der Hand behält und dirigiert? Und: Wie soll's denn weitergehen, wenn »die« mal nicht mehr da ist?

Albus
Ich möchte noch eine Frage vorschalten: Nicht, wenn sie mal nicht mehr da ist, sondern wenn sie mal nicht mehr kann, obwohl sie noch da ist? Du kannst heute noch weg vom Fenster sein. Dann bist du der »Fall«, um den sich andere kümmern müssen. – Letztens habe ich von dir gehört, dass du Exerzitien gemacht hast. Die machst du als Ordensfrau einmal im Jahr. Ich hatte den Eindruck, dass es nicht ganz leicht war für dich, dir die Zeit zu nehmen.

Ackermann
Ja, dieses Mal ist es mir sehr schwergefallen, weil ich mich so sehr mit mir alleingelassen fühlte.

Albus
Fällt es dir schwer, mit dir allein zu sein?

Ackermann
Ich glaube nicht! Aber es macht einfach Freude zu helfen, wo Hilfe notwendig ist, wo ein Elend schreiend ist. – Als wir jetzt gerade eine junge Frau, 24, mit vier kleinen Kindern bekamen – sie bekam das erste Kind mit 15, war aus einem Kriegsgebiet zu uns geflüchtet und hatte offenbar ganz schlimme Dinge erlebt –, da verspürte ich ganz deutlich den persönlichen Anspruch: Das kann man nicht einfach so weitergehen lassen oder an andere übergeben! Da muss ich jetzt selbst helfen! Rein rational habe ich mich angesichts der Fakten gefragt: Was machst du da jetzt? Die

Mitarbeiterinnen hatten recht, wenn sie sagten: Wir können Hilfe finden, mit besseren Voraussetzungen als hier bei uns. Aber ich habe einfach Angst davor, dass Menschen in eine Hilfsmaschinerie geraten, gut gemeint, in der die Hilfe auf den Verwaltungsweg gerät. Wir müssen die Not sehen und uns wirklich damit auseinandersetzen. Es gibt Situationen der Not, in der man *jetzt* helfen muss!

Albus
Finde ich beeindruckend. Aber bezogen auf meine vorherige Frage heißt das doch: Du wirst das, was du bislang gemacht hast, so weitermachen, bis es auf irgendeine Weise nicht mehr geht?

Ackermann
Eigentlich hatte ich mit dem lieben Gott eine Verabredung getroffen: Ich mache weiter, bis ich um die 80 bin, und dann kann ich so allmählich gehen. Nein, das habe ich nicht gesagt, ich habe gesagt: Dann gehe ich!

Albus
Du hast also dem »lieben Gott« nicht die Wahrheit gesagt?

Ackermann
Nein, nein! (lacht laut) – Ich habe gedacht, dass das dann andere übernehmen, und wie es dann weitergeht, ist mir egal. Ich gehe dann zu meinen Mitschwestern ins Altenheim. Und jetzt habe ich mit unseren alten Schwestern Exerzitien gemacht. Die alten Schwestern sind sehr liebenswert. Aber bei aller Sympathie: Das kann ich nicht! Das

schaffe ich nicht! Dann werde ich eben von einem ganz Anderen geführt, wohin ich nicht will.

Albus
Dem ist nichts hinzuzufügen! – Das wird also bei dir so wie gehabt weitergehen.

Wechseln wir das Thema: Irgendwann geht es ans Sterben. So fern ist der Augenblick oder die Situation nicht mehr. Wie willst du sterben? Da bist du auch nicht ganz eindeutig: Ja, wie und wann Gott will, sterbe ich. Aber ich möchte doch, dass es nicht ganz so schnell geht. Ich möchte noch ein bisschen Aufschub haben, um mich von allen richtig zu verabschieden, und ich möchte noch aufräumen können. Ich möchte noch dies und noch das. Und wenn das dann auch nicht mehr geht? Wie stehst du überhaupt zu der Tatsache, dass du sterben musst?

Ackermann
Ich bilde mir ein, dass ich keine Angst davor habe. Dass ich einfach so hinübergehe. Aber Angst hätte ich vor Gewalt. Dass ich nicht freiwillig gehen kann, sondern mir jemand Gewalt antut.

Albus
Ich meine, dass du diese Angst ernsthaft nicht mehr haben musst. – Oder gibt es noch Situationen in deiner Arbeit, in denen du ernsthaft ein Gewaltopfer werden könntest?

Ackermann
Eigentlich nicht, wenn ich es ganz nüchtern sehe.

Albus
Ich spitze zu: Der Tod selbst ist Gewalt, die dein Leben nicht nur bedroht, sondern es tatsächlich und unwiderruflich nimmt.

Ackermann
Ist der Tod wirklich ein Akt der Gewalt?

Albus
Ja! Der Tod beendet dein Leben. Nimmt es dir, ohne dass du es ausdrücklich willst. Oder?

Ackermann
Ja. Aber er führt mich in ein anderes Leben.

Albus
Ja, das sagst du. Andere sagen und sind der Überzeugung: Mit dem Tod ist alles aus. Danach gibt es nichts mehr.

Ackermann
Jesus war nicht dieser Auffassung. Er hat gesagt: Ich gehe voraus! Ich bereite euch eine Wohnung! Habt keine Angst!

Albus
Ich kenne auch von so heiligmäßigen Personen, wie du eine bist, Geschichten und Überlieferungen, die von einem ganz schrecklichen Sterben berichten. Sie sprechen davon, dass sie das Sterben und den Tod als eine Gewaltanwendung erfahren haben.

Ackermann
Ich denke dabei immer an die Französische Revolution. An Gertrud von Le Forts (1876–1971) Geschichte von den Ordensschwestern, die hingerichtet werden sollen. Und an die Oberin, die von sich behauptet, dass sie gar keine Angst habe. Und dann übernimmt sie doch die Angst der anderen. Sie ist die Letzte am Schafott.

Albus
Sag doch bitte einmal klar und deutlich: Wie willst du sterben? Ob du so sterben kannst und wirst, wie du willst, ist nochmal eine ganz andere Sache. – Willst du Hals über Kopf sterben? Oder bist du bereit, ein langes Sterben hinzunehmen? – Du machst immer wieder Einschränkungen angesichts dieser Frage. Du willst dich in Gottes Willen fügen, aber …

Ackermann
Ich möchte im Bett liegen und normal einschlafen und dann nicht mehr aufwachen. Einfach weg sein.

Albus
Also ohne Schmerzen und längeres Leiden willst du sterben?

Ackermann
Ja schon. Ich bin ja in meinem bisherigen Leben, Gott sei Dank, von stärkeren Schmerzen verschont geblieben. Das soll auch so sein, wenn ich sterbe. Das möchte ich.

Albus
Das liegt natürlich nicht in deiner Verfügungsmacht.

Ackermann
Ja, das weiß ich. – Ich kann nur sagen, dass es bislang relativ schmerzlos gegangen ist.

Albus
Ich möchte noch auf einen Punkt in deinem Text kommen, bei dem ich gestehe, eine gewisse geistliche oder biblische Allergie zu entwickeln. Es ist der 139. Psalm. Wir lassen bei diesem Fluchpsalm jetzt einmal den letzten Abschnitt weg. Aber ich finde diesen Psalm, auch wenn man den letzten Abschnitt weglässt, ganz furchtbar. Und du nennst ihn einen »zärtlichen Psalm«. Da bekomme ich Luftnot, wenn es da heißt:

»Ob ich sitze oder stehe, du weißt von mir.
Von fern erkennst du meine Gedanken.
Ob ich gehe oder ruhe, es ist dir bekannt;
du bist bekannt mit all meinen Wegen.
Noch liegt mir das Wort nicht auf der Zunge –
du, Herr, kennst es bereits.
Du umschließt mich von allen Seiten
und legst deine Hand auf mich.«

»Umschlossen von allen Seiten«, fühl ich mich ersticken. »Deine Hand auf mich«, fühl ich mich gedeckelt und erdrückt. – Ich bin nicht allein mit diesen Gefühlen. Andere Menschen haben sie auch angesichts dieses Psalms, den du »zärtlich« nennst, so empfunden.

Was mich fuchsig macht, Lea: Du verbindest Lebenssituationen, die gefährlich sind und gefährlich werden können, immer wieder mit der Bezeichnung vom »lieben« oder »liebenden Gott«. Ist das nicht das unwillkürliche Pfeifen des Kindes im Keller, das seine unheimliche Angst vor dem schwarzen Mann bannen will? Du sagst ja selbst immer wieder, dass das als »naiv« empfunden werden kann. Naiv ist ja nichts Schlechtes. Aber ich will einfach mal wissen: Woher nimmst du deine Zuversicht? Wo du doch in deinem langen Leben Gewalt erlebt hast, am laufenden Band – und bis heute noch erlebst?

Ackermann

Da geht es um Gewalt, die Menschen den Menschen antun. Ich habe einfach solche Gedanken, Fragen und Zweifel nicht! Und ich will mir die auch von dir jetzt gar nicht aufschwätzen lassen!

Nach meinem festen Glauben hat Gott uns geschaffen. Und er hat uns die Möglichkeit gegeben, dieses Leben zu gestalten. Und wir können ihn, Gott, nicht verantwortlich dafür machen, wenn es Menschen gibt, die dieses Leben nicht zum Guten, sondern zum Schaden von anderen Menschen gestalten.

Albus

Kein Widerspruch! – Aber du bist – faszinierend nicht nur für mich – durch eine grausliche Welt gelaufen, gehst immer noch durch sie, siehst die Gewalt, das Elend, die Schmerzen und legst Hand an, diskutierst nicht lange. Unglaublich beeindruckend! Aber ich werde den Verdacht nicht los, dass du gerade in solchen Situationen, die ja von Anfang der Menschengeschichte da waren und bis zum Ende sein werden, Gott einsetzt wie eine Droge. Ich komme wieder an den Punkt, an dem Karl Marx von der christlichen Religion als dem »Heiligenschein« sprach, den sie dem »Jammertal« verpasse, damit der ganze Welt- und Menschenmist überhaupt noch erträglich ist. Also, noch einmal, nicht böse sein: Ich habe den bleibenden Eindruck, dass du Gott, den lieben, wie eine Droge einsetzt. – Kann ein Gott die reale Welt, wie sie ist, so gewollt haben? Wirklich und wahrhaftig? Das ist doch nicht zu fassen. Oder?

Ackermann
Nein nochmal! – Das anzunehmen, dass Gott das so gewollt hat, das finde ich für mich absolut pervers. Wir haben Regeln bekommen, nach denen wir uns richten können oder sollen oder auch nicht wollen – Regeln, die zeigen, wie ein Miteinander unter uns Menschen gestaltet werden kann. Nimm meinetwegen die Zehn Gebote.

Albus
Von wem haben wir diese Regeln bekommen?

Ackermann
Ja, die sind vom Schöpfer! Das sind Hilfen zum Umgang miteinander. Und dann hat schließlich Jesus sie uns vorgelebt. Wir nennen uns Christen in seiner Nachfolge. Aber wir leben nicht danach, was Jesus uns vorgelebt hat! Im Gegenteil: Das Böse konnte so stark sein, dass es selbst einen Jesus ermorden konnte. – Das ärgert mich auch ganz stark. In einer Kirche, die in der Nachfolge Jesu lebt, da müsste jeder Bischof, jeder Priester, jeder Laie, das, was Jesus vorgegeben hat, auch ein Stück weit nach seinen Kräften verwirklichen. Nimm doch nur den Reichtum, den die Kirche angesammelt hat bis zum heutigen Tag und den sie hortet und bunkert!

Albus
Und trotz dieses Vorbildes »Jesus« – den ich faszinierend finde bis zum heutigen Tag – und dem ich auch in meinem Leben, so gut ich kann, nachfolgen will, hat sich an der Bosheit der Welt und an der Bosheit des Menschen nichts geändert. Es geht jeden Tag und jede Nacht weiter. Rund um die Uhr. Rund um die Welt. In Köpfen und Herzen.

Ackermann
Ja, das sehe ich auch so, und es bedrückt und ärgert mich. – Aber ich weiß: Ich kann die anderen nicht ändern. Ich kann nur mich ändern. Ich kann nur mich an das, was Jesus vorgelebt hat, anzupassen versuchen, nur mich von daher in die Pflicht nehmen. Allenfalls noch anderen dadurch zu verstehen geben, dass mein Umgang mit Jesu Lebensregeln der richtige und heilvolle Umgang ist. Verordnen, auferlegen, befehlen kann ich überhaupt nicht. Und ich kann nicht Gott dafür verantwortlich machen, wenn Leute das nicht annehmen und das Gegenteil praktizieren, zum Beispiel auf den Schlachtfeldern dieser Welt.

Albus
Da sind wir einer Meinung. – Aber: Auch wenn wir beide Gott für das Leid in der Welt, das Menschen Ihresgleichen zufügen, unentwegt, nicht verantwortlich machen, dann ist es immer noch so, wie es ist. Und es bleibt die Frage, warum es so ist und nicht anders? Syrien, Afrika, Arabien, Ukraine, Lateinamerika … Wo ist da der oder das, was wir GOTT nennen?

Ackermann

Stell dir doch mal vor, Gott müsste jedes Mal eingreifen, wenn irgendwo in der Welt Gewalt geschieht! Da liegt einer ermordet, ruckzuck, der Mörder wird zunichte gemacht, da hat einer unrechtmäßig sich bereichert, ruckzuck, der wird aus der Welt geschafft … Gott käme gar nicht mehr aus dem Wurschteln und hektischen Machen heraus. Ich habe in meinem Leben und in meiner Arbeit schon damit gerechnet, darauf gehofft, dass ich im Vertrauen auf Jesus, auf Gott auch, schon ein Stück positiv weiterkomme, auch durchkomme. Sonst hätte ich gar nicht anzufangen brauchen. Ich habe nie damit gerechnet, dass Gott direkt eingreift.

Albus

Vom Polizeigott, der ermittelt und eingreift, habe ich mich auch schon längst verabschiedet. Aber machen wir uns nichts vor: Die Grundprägungen machten und machen den Abschied schwer. Manchmal auch nicht verkraftbar. Alles, was in der Welt geschieht, ist doch »Gottes Wille«. Das hat man uns, zum Teil mit Sanktionen versehen, beigebracht. Das ging hin bis zu Calvin, der sagte: Dein Leben ist bis ins Kleinste von Gott vorherbestimmt. Und wer sich nicht fügte, den hat er in Genf hinrichten lassen! O du missbrauchter Gott!

Ackermann

Am besten wir hören auf, von »Gott, dem Allmächtigen« zu sprechen und ihn noch im Glaubensbekenntnis so zu nennen. Gott ist nicht allmächtig. Und ich glaube auch, dass er traurig ist über das, was wir Menschen, zu allem Überfluss auch noch in seinem Namen, angerichtet haben und anrichten – und anrichten werden.

Ich sehe Gott nicht als alten Mann oder als alte Frau, die in den Wolken sitzen und der Welt zuschauen, was sie macht oder nicht macht. Ich sehe Gott eher als Luft, die wir einatmen. Wir können ihn doch nicht ständig in eine Form, in eine bestimmte Gestalt hineinzwingen! Für mich ist Gott präsent, gegenwärtig. Er lässt sich nicht zwingen, etwas Bestimmtes zu tun oder ein Bestimmter zu sein. Um es nochmal mit Karl Rahner zu sagen: Gott ist ganz anders.

Albus

Das lassen wir jetzt mal so stehen!

Ich frage nochmal zwischenhinein: Hat der stille Dissens, den es zwischen uns gibt, auch etwas mit unserem jeweiligen Frausein oder Mannsein zu tun?

Du kommst mir manchmal so vor wie eine Mutter, die alles, was nach ihrer Auffassung schlecht oder schädlich ist oder sein könnte, einfängt und ihre Kinder mit mütterlicher Zuwendung davor bewahrt. Von Anfang an wolltest du deine »chancenlosen Töchter« bewahren und beschützen und sie fernhalten von allem, was ihnen Leid und Gewalt antut.

Ackermann

Die »chancenlosen Töchter« bewahren, das ist etwas, was ich nun absolut nicht wollte und will! – Gott hat in jeden Menschen Gaben und Fähigkeiten gelegt, seine Chancen wahrzunehmen, seine Begabungen zu entfalten. Aber es gibt Menschen, die haben nie die Chance, das zu entfalten, was in ihnen angelegt ist. Ich will helfen, dass die Gaben, die

Gott im Menschen angelegt hat, zur Entfaltung kommen können. So will ich auch leben. Und sterben. Ich habe meine Wahl getroffen: Entfaltung, Entwicklung ermöglichen für die, die es aus eigener Kraft nicht schaffen.

Albus
Hast du eigentlich irgendwelche Vorstellung, wie es nach dem Tod für dich weitergehen könnte?

Ackermann
Ich kann mir nicht vorstellen, dass der Gott, der diese wunderbare Erde und die Menschen erschaffen hat, mir eine schlimme Zukunft »danach« bereithält. – Wie diese Zukunft aussieht? – Darauf kann ich nur hoffen. Darauf bin ich neugierig. Ich hoffe, dass danach alles erfüllend und schön ist. Ja, das hoffe ich! Ich lass mich überraschen.

Albus
Es kann natürlich auch eine böse Überraschung geben. – Du denkst dir, dass es eine gute Überraschung sein wird. Und bleibst damit ganz konsequent auf der Linie deiner Zuversicht. Und diese Zuversicht kann dir keine und keiner nehmen. Ich vermute, dass sie eine der Quellen ist, die dein Leben gespeist haben. Ohne sie hättest du auch nicht alles überstehen und gestalten können. Und scheinbar bedarf es sogar einer gewissen unzerstörbaren Hoffnung, um auf dieser Erde halbwegs heil bei dem angezeigten Hindernislauf über die Runden zu kommen. Und dann noch so über die Runden zu kommen wie du!

Ackermann

Es gab ein paar Augenblicke – zugegeben –, in denen mir die Luft wegblieb, der Atem stockte. – An einen erinnere ich mich jetzt: Als ich mit Rupert Neudeck (1939–2016) unmittelbar nach dem Ende des Bürgerkrieges nach Ruanda flog. Und dann stand ich plötzlich mutterseelenallein da. Und um mich herum nur der Schrecken, die Trümmer, die Leichen in den Straßen. Es hat mir den Atem verschlagen.

Und dann habe ich weitergearbeitet. Was sonst?

Albus

Ja, an solche Situationen erinnere ich mich auch. In den Tagen und vor allem in den Nächten in Bogotá. An das erschossene Kind. Da ist mir auch die Luft weggeblieben. Da wusste ich eine ganze Zeit nicht mehr weiter, wie weiter. Und diese Luft bleibt mir bis heute weg. Das klingt irgendwie vielleicht komisch. Aber das hat meine Sicht auf das Leben in mehrfacher Hinsicht radikal verändert. Damit – ein Beispiel – muss ich immer noch umgehen lernen. Und die von dir geschätzte und von mir respektvoll betrachtete Naivität oder Zuversicht hilft mir da gar nicht mehr. Noch eine letzte Frage habe ich: Was siehst du angesichts der kurzen Frist, die du noch hast, als deine letzte Aufgabe an? Kurz und bündig: Worin siehst du deine letzte Aufgabe in dieser Welt?

Ackermann

Ich würde es so formulieren: Was würde ich denn am liebsten machen, wenn es so weit wäre? – Am liebsten draußen vor einem blühenden Rosenstrauch sitzen, ihn betrachten und staunen: Oh, wie schön! – Ob ich aufhören würde zu arbeiten? – Das weiß ich nicht. Das kommt dann auf die Situation an. – Oft gehe ich mir selbst auf den Wecker.

Albus
Liege ich falsch, wenn ich vermute, dass du so lange arbeitest, bis dein Bewegungsapparat nicht mehr mitmacht? Du bleibst so lange zu jeder Tat bereit, wie jemand notwendig ist, dazu angetan, eine Not zu wenden, die Not zu sehen und nach allen Kräften gegen sie anzugehen.

Ackermann
Ja! – Auf jeden Fall. Das hast du schön formuliert.

VI
Ohne Bitterkeit. Die Welt, wie sie ist. Die Personen, die wir sind

Göttliches Feuer auch treibet,
bei Tag und bei Nacht,
aufzubrechen.
So komm:
Dass wir das Offene schauen,
Dass ein Eigenes wir suchen,
soweit es auch ist.
Friedrich Hölderlin (1770–1843)

1. Versöhnung mit dem Unlösbaren

Lea Ackermann
Ich will niemanden verletzen, aber trotzdem will ich ehrlich bleiben

Es gibt ein Ereignis, das mir sehr schwer auf der Seele lastet und mir nachgeht, leidtut und mich mit Trauer erfüllt, weil ich es einfach nicht mehr ändern kann. Ein lieber Mensch, sehr krank, lag im Sterben. Ich wollte eigentlich die letzte Zeit am Bett dieses Freundes verbringen. Aber meine Arbeit ging immer vor, und ich beschloss, einen Termin nicht abzusagen, sondern ihn, wie vorgesehen, wahrzunehmen. Als ich nach Mitternacht nach Hause kam, wurde ich an das Bett des Sterbenden gerufen. Ich ging hin und grüßte nur und war gleich wieder weg. Dann wurde ich ein zweites Mal gerufen, der Kranke hatte mir offensichtlich etwas Wichtiges mitzuteilen. Ich ging wieder hin und sagte, dass ich doch sehr müde sei, weil ich den ganzen Tag unterwegs und auch meine Veranstaltung anstrengend war, und dass wir doch morgen reden könnten. Was blieb dem Kranken anderes übrig, als zuzustimmen, und ich ging schlafen.

Am nächsten Tag ging ich ans Krankenbett. Krankenschwestern und Ärzte waren dabei, ihm zu Hilfe zu kommen, und nach einigen Beruhigungsmitteln konnte er dann schlafen. Zu dem Gespräch kam es nicht mehr. Er ist in der darauffolgenden Nacht gestorben. Das ist ein Ereignis, das mich nach fünf Jahren noch genauso beschäftigt und belastet wie am Todestag. Jemand in Todesangst und großer Not hat mich angesprochen, und ich war taub. Es gibt Situationen und Momente, die sich nicht wiederholen lassen und wo es auf uns ankommt. Das hat mir gezeigt, wie wichtig aufmerksame Präsenz ist.

Heute Morgen, nach der sonntäglichen Messe, begegnete ich einer gleichaltrigen Frau. Sie hatte inzwischen eine schöne Wohnung in einem Altenheim. Traurig kam sie auf mich zu. Sie war elegant angezogen, konnte gehen, war jetzt nach dem Gottesdienst auf dem Weg zu einem Stadtfest. Es war ein wunderschöner sonniger und nicht zu heißer Tag. Aber: »Warum haben Sie Tränen in den Augen? Das Leben ist doch schön, und Sie können es genießen, was macht Sie unzufrieden?« – »Ich habe Angst, dass ich bald nicht mehr so gut laufen kann?«

Diese kleine Begegnung hat mich sehr nachdenklich gemacht. Geht es uns, mir, nicht oft so, dass wir eigentlich ein gutes Leben haben und das auch behalten wollen, aber um seine Gefährdung wissen und deswegen traurig sind? Es gibt viele Menschen und Dinge, die uns während eines langen Lebens lieb und teuer wurden und dann verloren gingen. Es ist wichtig und richtig, dass wir das Schöne und Liebgewordene um uns herum aufmerksam wahrnehmen und uns täglich darüber freuen und nicht wegen der Möglichkeit, es zu verlieren, heute schon trauern.

Ein lang ersehnter Wunsch von mir ist es, mit interessierten Frauen eine neue Gemeinschaft aufzubauen. Jede bleibt das, was sie ist, Witwe, Ordensschwester, Unverheiratete, und wir kommen zusammen, um unseren Alltag zu teilen, miteinander zu beten, zu feiern und zu arbeiten. Nun gibt es die konkrete Möglichkeit. Eine sehr sympathische Frau hat sich gemeldet. Und plötzlich bekomme ich Angst. Fragen überfallen und besetzen mich: Was muss ich alles ändern, damit das gelingt? Und ich bin in der Gefahr, eine wunderbare Idee, noch bevor sie Wirklichkeit werden konnte, zunichtezumachen. Da bin ich nun selbst sehr erschrocken über mich.

Soweit ich mich kenne, bin ich immer nach vorne ausgerichtet. Der neue Tag, die neue Herausforderung sind interessant und wichtig, aber immer bleiben Dinge unerledigt. Unbeantwortete Briefe werden auf einen Stoß gepackt mit der Aufschrift: »Wichtig, muss bald erledigt werden!« Wenn es sein muss und der Stoß zu groß wird, beginne ich, einen neuen aufzuschichten.

Nun, in meinem Alter bete ich darum, die noch wichtigen Dinge zu erledigen. Mit 80 dachte ich, noch zwei Jahre brauche ich, um alles zu erledigen. Mit 82 sehe ich, dass die Stöße von Unerledigtem kaum kleiner geworden sind. Ich ertappe mich bei dem Versuch, immer wieder den älteren Schriftverkehr aus der Warteschlange herauszunehmen, einige Briefe zu schreiben und die anderen nach Dringlichkeit umzuschichten. Das wächst mir alles irgendwie über den Kopf.

Ein anderes Problem wird mir mehr und mehr bewusst: Ich freue mich, wenn ich von jemandem gesagt bekomme, dass sie oder er mich mag. Dieses Wohlwollen und diese Sympathie sind mir sehr wichtig und die will ich auch nicht verlieren. Und dann gibt es Ereignisse und Meinungen beim anderen, die ich nicht gut finde. Und wenn ich das offen und ohne Scheu äußere, kann auch manches Freundschaftsangebot verloren gehen. Ich will aber sowohl in persönlichen Beziehungen als auch in der Gesellschaft und in meiner Kirche offen sagen, was nach meiner Einschätzung falsch läuft. Ich will nicht zu allem Ja und Amen sagen, nur um keine Sympathie zu verlieren. Ich will niemanden verletzen, aber trotzdem will ich ehrlich bleiben.

So finde ich es ein Unrecht, dass Frauen in der Kirche nicht ernst genommen werden. Es gibt keine theologischen Gründe dafür. Im Gegenteil: Jesus hat die Frauen gleichwertig behandelt. So hat er die Botschaft von seiner Auferstehung als Erstes den Frauen anvertraut und sie ausgesandt zur Verkündigung. Frauen waren also die ersten Apostel. Aber das hat die patriarchale Gesellschaft, die sich nach Christus wieder voll durchgesetzt hat, einfach ignoriert. Es gilt in der Kirche noch vieles zu verändern, damit sie wieder Kirche Jesu Christi wird. Heute ist sie es nicht mehr.

Auch die Gesellschaft ist von den Makeln der Menschen, die das Sagen haben, geprägt. Das auszusprechen, kann einen Verlust von Sympathie zur Folge haben. Reichtum und Macht spielen in den politischen Entscheidungen eine große Rolle. Ich kann nicht verstehen, dass Menschen, die über große Reichtümer verfügen, nicht großzügiger mit ihren Millionen und Milliarden umgehen. Es gibt überall auf der Welt immer auch sehr Reiche, die viel mehr haben, als sie je für sich und ihre Kinder brauchen. Sie haben große Villen mit Parkanlagen und darum eine hohe Mauer, um das Ganze abzuschirmen und zu schützen. Ich denke, zum Beispiel im Blick auf Afrika, das mir am bekanntesten ist: Wenn sie die Mauer einreißen würden und mit den Steinen den 100 und mehr Menschen, die in der nächsten Umgebung in Hütten und Elendsbehausungen wohnen, kleine Häuser bauen würden, bräuchten sie keine Wächter mehr und keine Mauern, denn die Nachbarn würden diese netten und großzügigen Menschen mit ihrem Leben schützen.

Solche und andere gute Taten würden das Leben der Menschen miteinander friedlicher und schöner machen. Und sie wären ganz sicher auch ein Beitrag gegen die wachsende Vereinsamung und den zunehmenden Hass.

Wir müssen in unserer Zeit der Entfremdung sehr kreativ werden, um gegen die sich ausbreitende Sprachlosigkeit auf allen Ebenen neue Möglichkeiten der direkten Kommunikation anzuregen und zu schaffen.

Michael Albus

Resignation? Depression? Kapitulation? – Ich entscheide mich für das Gegenteil!

Wir können vieles nicht (mehr) ändern. Auch wenn wir es mit aller Kraft wollten. Das faktische Alter macht uns einen Strich durch die Rechnungen. Das ist eine grundlegende und folgenschwere Einsicht. Sie könnte uns davor bewahren, »es« noch einmal »wissen« zu wollen. Klar, wir können die Signale, die uns der Körper und die Seele senden, ignorieren. Aber das ist eine Selbsttäuschung. Wenn nicht eine der letzten Lebenslügen.

Das Meiste ist gelaufen. Und die Frage wird drängender und dringender, was ich noch für so wichtig erachte, dass es sich dafür auch mit nachlassenden Kräften zu arbeiten, zu kämpfen, vielleicht, zu leben und zu sterben lohnt.

Richte ich den aufmerksamen Blick auf die »Welt« um mich herum und auch auf die weite Welt, von der ich täglich und nächtlich Nachrichten bekomme, dann stelle ich erst einmal ganz grundsätzlich fest, dass es »im Großen« nicht sehr viel anders läuft als »im Kleinen«. Jede neue Nachricht, die mich erreicht, ist nie ganz neu. Sie berichtet mir überwiegend, bestätigend und erschreckend, dass uns Menschen enge Grenzen gesetzt sind. Und vieles, was wir ändern wollen, können wir nicht ändern. Wir spielen uns selbst die schlimmsten Streiche. Die großen Themen unserer Lebenstage und Lebensnächte sind alte Themen. Manchmal haben sie nur andere Namen, weil wir ihnen andere Namen geben, da die alten uns auf die Nerven gehen oder langweilig geworden sind.

Wir führen Kriege untereinander, gegeneinander wie zu Adam und Evas Zeiten. In Beziehungen aller Art. In Liebesbeziehungen genauso wie in der Politik. Auch in der Religion. Was wir »diplomatisch« zu lösen versuchen, endet allzu oft in Raketenbeschuss und Bombenabwurf. Wir feiern vermeintliche Siege auf realen Trümmern. Machen erst alles kaputt, um es dann wieder mühsam aufzubauen. Siehe unsere, Leas und meine Lebenszeit: Krieg, großer Krieg, Welt-Krieg, Tod, Elend. Dann wieder Zerstörung und Krieg. Eine Kette ohne Ende. Als ob uns das große Vergessen befallen hat, als ob wir keine Erinnerung mehr haben – ja, das Vergessen spielt eine große Rolle in unserem Leben. Das Vergessen von Menschen und Fakten.

Manche versuchen es mit Versicherungen. – Sind wir sicher, dass wir versichert sind? – Auch vor uns selbst? Vor uns Wolfsgesichtern, die die Lämmer nicht in Frieden lassen können? – Hat das »Lamm Gottes« uns »seinen Frieden« gebracht? – Die Lage ist und bleibt unübersichtlich. Das mir einzugestehen, es nicht schön oder fromm zu reden, es nicht gesundzubeten, ist der Anfang aller Versuche, etwas besser zu machen. Nüchternheit, leidenschaftliche Nüchternheit ist gefragt.

Also: Skepsis bleibt. Auch wenn ich optimistisch und tapfer zu sein versuche. Für mich hat es der Philosoph Max Horkheimer (1985–1973), Frankfurter Schule, auf den Punkt gebracht, wenn er sagte: »Der Mensch ist zu träge, um aus seiner Geschichte zu lernen.« Punkt! Keine überflüssige Diskussion mehr! – Lieber Aktion!

Im Nachtgebet der Kirche heißt es, zu den »Brüdern« und zu den »Schwestern« gewandt: »Seid nüchtern und wachsam! Denn euer Widersacher, der Teufel, geht umher wie ein brüllender Löwe, suchend, wen er verschlinge.« Und dann auch: »Widersteht!« – Manchmal habe ich den Eindruck, dass ich selbst der Widersacher, mein eigener Widersacher bin. Rette sich, wer kann!

Resignation? Depression? Kapitulation? – Ich entscheide mich für das Gegenteil! Habe mich schon entschieden! Ich will mich mit dem Unlösbaren versöhnen. Es ist, wie es ist. Ich habe Hoffnung. Eine reduzierte, eine angegriffene, eine verletzte und verletzbare Hoffnung. Eine bedrohte auch. Ich will nicht verzichten darauf, aus einer schwierigen Lage eine bessere zu machen. Ich beziehe dabei – ganz nüchtern in meiner Leidenschaft – mit ein, dass ich nur Endliches, Vorläufiges vollbringen kann. Ich will nicht darauf verzichten, mich zu schämen beim Anblick einer Not und zuzupacken, wo es notwendig ist. Den Hut in den Ring werfen, obschon ich weiß, dass ich nicht mehr Weltmeister werden kann, es eigentlich nie werden konnte, leider zu viel Zeit brauchte, um das einzusehen.

Aber ich will auch dort, wo ich nicht mehr helfen kann, eigentlich nie »helfen« konnte, ohne Bitterkeit scheitern dürfen und scheitern können. Ich finde sogar, dass ich, nicht nur von Alters wegen, ein Recht darauf habe, scheitern zu dürfen ohne darauffolgende Strafmaßnahmen. Religiös hat das der jüdische Religionsphilosoph und Bibelübersetzer Martin Buber (1878–1965) so formuliert: »Erfolg ist keiner der Namen Gottes.« Ein wunderbarer Satz, an den man(n) auch glauben möchte, wenn es Gott, zumindest den Gott, den wir meinen, nicht gibt oder gäbe. Glückliches Scheitern als Menschenrecht – besonders im Alter.

Das Alter selbst ist ja eine Art Scheitern. Mann und Frau können darüber auch bitter, verbittert werden. Den Glauben, die Hoffnung, die Liebe verlieren. Untergehen, absaufen in ein dahinvegetierendes Leben, das den Namen »Leben« nicht mehr verdient. – Nein, das will ich nicht! – Ich will es nicht, mit allen mir noch zur Verfügung stehenden Kräften des Leibes und der Seele. Nicht die weiße Fahne hissen, mich ergeben. Nein, Widerstand leisten! Sanften, aber beständigen! Steter Tropfen höhlt den Stein!

Ich möchte mich ohne Bitterkeit fallen lassen. Mit dem Fallen einverstanden sein. Nicht, weil es nicht zu verhindern oder zu bremsen ist, sondern weil es Teil des Lebens selbst ist. Und ich bitte darum, wen auch immer, dass der Fall nicht ins Bodenlose geht, in einen Abgrund ohne Grund. Darauf möchte ich hoffen.

Woher ich diese von Zweifeln bedrohte Rest-Hoffnung habe? – Ich weiß es nicht. Ich will es auch nicht mehr wissen. Ich will sie »haben« dürfen. Von wem und von woher auch immer.

Und wenn sie mir nicht gewährt wird? Ausbleibt? Verwehrt bleibt? – Auch dann nicht bitter, hart, versteinert werden! Das sanfte Gesetz walten lassen.

»Jetzt schauen wir in einen Spiegel und sehen nur rätselhafte Umrisse, dann aber schauen wir von Angesicht zu Angesicht« (1. Korintherbrief, Kap. 13, Vers 12).

Ja! Dann aber …!

2. Wortwechsel

Albus

In unserem letzten Wortwechsel wollen wir versuchen, einmal zu formulieren, was wir angesichts unseres durchaus schon ansehnlich langen Lebens (83 und 78) noch nicht ändern konnten beziehungsweise nicht mehr werden ändern können, selbst, wenn wir es wollten.

Zu den wirklichen Erfahrungen des Lebens zählt nicht nur das Gelingen, sondern auch das Scheitern. Aus dem Scheitern kann manchmal mehr Kraft erwachsen als aus dem Gelingen, auf das wir auch stolz sein dürfen.

So starke Menschen, wie du einer bist, Lea, kommen doch auch immer wieder an ärgerliche, an schmerzliche Grenzen. Bestimmte Menschen und Dinge widersetzen sich mit entschiedener Beharrlichkeit jedem Änderungswunsch oder Änderungsversuch. Geht das dir nicht auch so, Lea?

Ackermann

Manchmal denke ich, dass ich die Dinge zu simpel sehe. Ich fühle mich immer wieder nicht fähig dazu, nicht kraftvoll genug, im Großen und Ganzen wirklich etwas zu verändern. In meinem Bereich will ich es so machen, wie ich will, und mir keine Vorgaben, außer durch die Verhältnisse selbst, machen lassen. Ich will den Erwartungen anderer nicht entsprechen. Nie habe ich mir vorgenommen, »draußen« groß etwas zu verändern. Ich sehe eine Situation, zum Beispiel bei einer bestimmten Person, die ist schlimm. Und mit dieser Person packe ich an, verändere, so gut ich kann, die Lage auch so, wie die Person es will, nicht nur unbedingt, wie ich will.

Albus
Schaffst du das allein?

Ackermann
Nein, natürlich bekomme ich das nicht alleine fertig. Es bestärkt mich und tut mir unheimlich gut, wenn andere sagen: Ja, das ist vernünftig, da helfen wir. Da habe ich logischerweise die Beispiele, die konkrete Arbeit von SOLWODI im Sinn. Ich erinnere mich noch an die erste Frau, der ich in Afrika begegnet bin. Bei ihr habe ich gespürt, dass sie etwas verändern, etwas lernen, dass sie ihr Leben selbst in die Hand nehmen will. Geld hatte ich keines. Auch sonst hatte ich nichts. Dann habe ich allen meinen Freundinnen und Freunden geschrieben, ihnen die Lage geschildert und sie gebeten, mich zu unterstützen. Und ich bekam die erbetene Bestärkung und Unterstützung. Nie habe ich allein etwas geschafft. Immer nur mit der Hilfe anderer. Ich war immer sehr individuell in meiner Art, mit Frauen zu arbeiten. Mir war klar: Die Frauen, wenn sich ihre Lage wirklich verbessern sollte, müssen etwas gelernt haben, müssen nicht nur Empfängerinnen, sondern auch Geberinnen sein. Müssen auch für ihre Rechte einstehen können.

Albus
Das ist unbestritten, dass du in deiner Arbeit mit Frauen starke Erfolge erzielt hast. Auch über den rein individuellen Bereich hinaus. Aber nun, nach einer langen Lebensstrecke: Kommst du jetzt nicht an Grenzen …?

Ackermann
… ich komme immer an Grenzen …

Albus
... anders gefragt: Gibt es Dinge, von denen du »weißt«, die wirst du nicht mehr schaffen? Die Frage zielt sowohl auf dich als Persönlichkeit als auch auf die Arbeit, die du noch tust. Beides hängt ja zusammen. Spürst du nicht mehr und mehr, dass, ganz natürlich im Alter, deine Kräfte auch nachlassen und dir eine innere Stimme sagt: Lea, das wirst du nicht mehr stemmen?

Ackermann
Ich denke immer an konkrete Situationen. Natürlich sehe ich da mein Alter. Natürlich sehe ich die Notwendigkeit, SOLWODI in jüngere, in andere Hände zu übergeben. Und da höre ich auch zunehmend den Vorwurf: »Sie kann nicht loslassen.«

Albus
Den hör ich auch.

Ackermann
Und dieser Vorwurf, der verletzt mich.

Albus
Warum?

Ackermann
Ich will brennend loslassen. Aber ich sehe nicht, wohin! Wer übernimmt?

Albus
Jemand muss es aber doch übernehmen. Oder du machst den »Laden« dicht. Das geht doch nicht! Oder? Du willst aufhören, »brennend« sogar. Das nehme ich dir jetzt einmal nicht ab.

Ackermann
Ich möchte nicht ganz aufhören. Zum Beispiel könnte ich noch Vorträge über unsere Arbeit halten. Einiges könnte ich schon noch machen. Aber die ganze Verantwortung könnte und möchte ich nicht mehr tragen.

Albus
Warum gibst du nicht ab, konkret, jetzt?

Ackermann
An wen?

Albus
Es sind doch genug Frauen hier.

Ackermann
So einfach geht das nicht. – Ich will ja auch ein »Zeugnis« konkreten Glaubens sein. Eine Umsetzung dessen, was Jesus uns aufgetragen, vorgemacht, gesagt hat. Mir ging es und geht es um ein konkretes Tun der Wahrheit. Und ich würde meine Arbeit gern in Hände von Frauen geben, die auch so denken. – Und da sehe ich, dass es heute schwierig ist, solche Personen zu finden, die so denken und handeln.

Albus
Vielleicht will dieser Jesus mit dir und deiner Arbeit ganz andere Wege gehen. Die nicht unbedingt deinen Vorstellungen entsprechen.

Ackermann
Ja und? – Wenn ich jetzt plötzlich weg wäre …

Albus
… Dann geht es weiter.

Ackermann
Also, dann brauche ich mich vorher gar nicht so aufregen!

Albus
Das wäre die eine Möglichkeit. Aber du könntest auch in Ruhe loslassen, abgeben, übergeben. Vielleicht musst du dir selbst einen Termin setzen, bis wann du das getan haben willst. Konkret! Du bist doch immer für konkrete Dinge und Aktionen! Du musst dich selbst unter Druck setzen.

Ackermann
So denke ich aber nicht! – Ich will auch gar nicht so denken! Wenn ich ganz ehrlich bin: Ich will so weitermachen, bis es gut ist und so weit ist, dass ich loslassen kann. Da haben wir auch inzwischen einen konkreten Plan, wie das gehen soll. Ich bin auf dem Weg, loszulassen.

Albus
Du schilderst in deinem Text vor diesem Wortwechsel die Geschichte von dem Freund, dessen Sterben du verpasst

hast. Und du bist traurig darüber. Und warum bist du traurig? – Sinngemäß gibst du zu verstehen: Du warst »taub«, die Arbeit war dir wichtiger. Das ging und geht mir auch so: Ich habe bestimmte wichtige Situationen verpasst, weil mir die Arbeit wichtiger war, zum Beispiel auch einen Freund vor seinem Tod nicht mehr besucht zu haben, weil ich »Dringendes« zu erledigen hatte. Darüber bin ich traurig. Das habe ich verpasst, das werde ich nicht mehr ändern können. Welche Konsequenz ergibt sich daraus? Ich meine zumindest die eine, dass ich darauf achten muss, was an der Zeit ist. Bei mir und bei anderen, die mir wichtig sind, die ich liebe.

Ackermann
Was habe ich denn für eine Wahl? – Soll ich in ein Altenheim gehen, in ein Altenheim meines Ordens? Ich fühle mich noch gar nicht alt genug für ein Altenheim. – Und ich habe ja auch schon einige Zeit nicht mehr die »Leitung« im strengen Sinn, so wie du sie vielleicht verstehst. Ich kann wegfahren und die Arbeit geht weiter. Die Mitarbeiterinnen haben ihre Arbeitsbereiche. Sie sind kompetent in ihren Aufgaben.

Albus
Zugespitzt gefragt: Ist dir die Arbeit wichtiger als dein noch verbleibendes eigenes Leben? – Das an Kraft verliert?

Ackermann
Ich bin mir wichtiger im Augenblick, weil ich sehe, dass es um mich geht. Um meine Haltung mir selbst gegenüber. Es geht auf ganz verschiedenen Ebenen meines gegenwärtigen

Lebens ums Loslassen. Ja. Ganz konkret auch um Dinge, von denen ich weiß, dass ihre Zeit zu Ende ist. Meine Bücher zum Beispiel. Oft nehme ich sie in die Hand und weiß, dass ich sie nicht mehr lesen werde – und andere, denen ich sie schenke, auch nicht. Dann lege ich sie wieder auf die Seite. – Bis zum nächsten Mal. – Ein anderes Beispiel: Ich habe eine Bekannte, die hat fast alle ihre Kleider abgegeben, braucht nur noch ein paar. Und ich denke mir auch: Warum gebe ich nicht einfach meine vielen Kleider weg? Ich kaufe mir jetzt zumindest keine neuen Kleider mehr.

Albus
Lassen wir die Fragen offen. – Bist du mit dir zufrieden? Im Reinen, wie man so schön sagt? – Die Frage stelle ich mir zunehmend dringender und drängender genauso.

Ackermann
Das ist eine ganz schwierige Frage.

Albus
Ich bin mit mir nicht zufrieden. Weil ich immer noch an Sachen hänge, von denen ich untergründig weiß, dass sie nicht mehr wichtig sind. Und ich hänge dennoch an ihnen.

An was hängt mein Herz?

Eine Erfahrung, die mich zutiefst erschüttert hat: Ich bin bei Dreharbeiten in Bali, in der Waldzone, komme in ein kleines Dorf, werde Zeuge eines Rituals. Ein Bauer war vor einer Woche gestorben, und nun werden alle Sachen, die übrig geblieben sind und an denen sein Herz hing, noch einmal, wie der Leichnam vor einer Woche, zum Friedhof getragen und dort dem Feuer übergeben. Dem Feuer der Verwandlung, dass alles, woran unser Herz hängt, brennend verändert. Und zwei Tauben, die in einem Käfig mitgeführt worden waren, werden freigelassen, fliegen davon. Symbol der Seele, die nun in der Freiheit ist, wonach sie sich ein Leben lang gesehnt hat in allen Anhaftungen.

Woran hängt dein Herz?

Was möchtest du gerne loslassen, und du kannst es nicht? Das frage ich mich jeden Tag.

Ackermann
Ich kann die Frage nicht beantworten. Ich habe alles immer so gemacht, wie ich es wollte.

Albus
Ist immer alles so gegangen, wie du es wolltest?

Ackermann
Nicht immer alles. Aber vieles ging.

Albus
An was hängt dein Herz?

Ackermann
An vielen Dingen. Zum Beispiel an der Wohnung, in der ich hier seit Jahrzehnten lebe. An der Umgebung. Die gefällt mir. Wenn ich aus dem Fenster schaue und den Rhein sehe. Stromkilometer 562. Mir gefällt jedes Blümchen im Garten.

Albus
Wenn ich aus dem Fenster meiner Wohnung in Mainz schaue, sehe ich am anderen Ufer des Rheins den Stromkilometer 500. Wir wohnen also fließend 62 Kilometer voneinander entfernt.

Ackermann
Das Saarland, in dem ich geboren bin und wo ich 23 Jahre meines Lebens verbracht habe, war Heimat für mich. Dann bin ich ins Kloster. Und nach Afrika, Kenia. Für drei Jahre. Ruanda fünf Jahre. Und hier in Boppard-Hirzenach lebe ich jetzt 35 Jahre. Mein Leben war nie lange so sesshaft, wie hier am Rhein. Hier bin ich irgendwie zu Hause. Das hat ja auch mit dem Alter etwas zu tun.

Albus
Da hast ja auch ein Recht darauf, im Alter so etwas wie Geborgenheit zu haben. – Ja, an was hängt unser, mein, dein Herz? An Arbeit? Oder an was?

Ackermann
Mein Herz hängt sicher an sinnvoller Arbeit. Mich macht es einfach froh, wenn ich jemand anderem helfen kann.

Albus
Aber irgendwann lassen die Kräfte nach. Und ich frage mich dauernd: Bekomme ich es hin, rechtzeitig aufzuhören? Oder muss man mich am Ende raustragen?

Ackermann
Was ich spüre, und das hat natürlich mit dem Alter etwas zu tun, ist die Müdigkeit. Manchmal die Erschöpfung. Ich denke oft, dass ich mich noch ein bisschen bewegen müsste. Und wenn ich niemanden finde, der mitgeht, dann habe ich häufig die Kraft nicht mehr, zu gehen. Das macht mich unruhig und unsicher. Ganz konkret spüre ich immer mehr die Unsicherheit in den Beinen. Ich war gerade auf eine Silberhochzeit eingeladen. Und als ich die Treppen zur Kirche hochstieg, habe ich die konkrete Angst gehabt zu stolpern und zu fallen.

Albus
Das sagt mir mein Körper auch immer eindringlicher: Hör auf! Mach langsamer! Lass los! Ich denke, da zeigt sich, ganz konkret, ein zentrales Problem des Älterwerdens und Altseins. Ein Problem, das wir gerne verdrängen, eine Wahrnehmung, die wir nicht für wahr nehmen wollen.

Ackermann
Und dennoch frage ich mich: Warum soll ich etwas aufgeben, was ich noch gerne mache und was ich noch kann? Wenn ich halt nicht mehr weit laufen kann, dann gehe ich nur noch kurze Wege. Wenn ich halt nicht mehr zehn Frauen helfen kann, dann helfe ich den beiden, die mir jetzt gerade über den Weg laufen. Meine Wunschvorstellung ist, dass ich meine Kräfte, solange sie reichen, noch für andere einsetze, dass ich erst dann in ein Altenheim gehe, wenn ich alles vergesse und nichts mehr auf die Reihe kriege, oder dass man mich letztendlich endgültig rausträgt, wenn ich gestorben bin.

Albus
Das ist eine klare Ansage. Du bist im Kern vom unbedingten Willen zur Arbeit bestimmt.

Ackermann
Ja, so ist es.

Albus
Wie siehst du, Lea, die Welt, in der du lebst, gelebt hast, leben wirst, solange du atmest? Eher optimistisch oder eher pessimistisch, eher skeptisch?

Ackermann
Im Blick auf die reale Welt sehe ich heute nichts besonders Gutes. Es gibt viele Dinge, Entwicklungen und Zustände, die mir absolut nicht gefallen. Benenne ich sie, dann heißt es: Die alten Leute haben immer etwas zu meckern.

Albus
Die Jungen auch – über die Alten.

Ackermann
Manchmal habe ich Angst, dass die Ansprüche zu sehr wachsen, ohne die eigenen Leistungen mit einzubringen. Ich sehe eine Gefahr, dass im Studium zu wenig auf die Komplexität des Lebens und der kulturellen, ethnischen und religiösen Vielfalt Aufmerksamkeit gelegt wird. In einer Situation, in der die Globalisierung die Menschen verschiedener Nationalitäten zusammenbringt. Das scheint mir wichtig für die Begegnung von Hilfesuchenden und Menschen in der Sozialarbeit.

Albus
Wolltest du am Anfang deiner Arbeit, mit deiner ganzen Kraft, nicht auch sagen, wie's geht?

Ackermann
Ja, doch schon auch. Aber ich habe immer noch viele Selbstzweifel gehabt, ob ich das hinbekomme. Zum Beispiel die Arbeit in Ruanda als Leiterin einer großen Schule. Ich habe ein ganzes Jahr gebraucht, um einen Fehler, den ich am Anfang mit den Studentinnen gemacht habe, wieder auszubügeln, in den Griff zu kriegen. Ich habe mir immer gesagt: Es gelten nicht nur deine Vorstellungen, du musst auch die der anderen sehen. Ich bin mit ihnen gewandert, zum Beispiel, weil mir wichtig war, dass sie rauskommen. – Aber vielleicht hast du recht, dass ich auch in meinen Anfängen zu ungestüm war.

Albus
Du bist eben abgeschweift. Wie siehst du die Welt, in der du heute lebst?

Ackermann
Wir haben einmal einen Verbrecher an der Macht gehabt in Deutschland. Das ist noch gar nicht so lange her. Und manchmal habe ich den Eindruck, wir haben aus jener Zeit und aus der Nachkriegszeit überhaupt nichts Substanzielles gelernt. Das wurde verdeckt durch den Wiederaufbau. Wir waren froh, dass alles vorbei war. Und über das, was geschehen war, wurde wenig bis gar nicht gesprochen. Dazu gab es bestenfalls noch Gedenktage. Und damit schien alles geregelt und in Ordnung zu sein.

Albus
Es war mehr Wiederzubau als Wiederaufbau. Die wichtigen menschlichen Werte haben wir übersehen oder gar vergessen. Da stimme ich dir zu. Es wurde zu wenig über das gesprochen, was geschehen war.

Ackermann
Die Väter, die aus dem Krieg nach Hause gekommen sind, haben nur wenig oder gar nicht von den Grausamkeiten, die sie erlebt hatten und an denen sie beteiligt waren, erzählt. Das war bei meinem Vater genauso. Es wurde über das, was man an Abgründigem, an Brutalität erlebt hatte, nicht gesprochen. Und so konnte das untergründig weiterwirken und kommt heute wieder zum Vorschein. Das sind langfristige Wirkungen, die wir nicht unterschätzen dürfen. Auch die immer noch wirkenden autoritären Strukturen sind nicht von der Bildfläche verschwunden. Das hat mit dem Menschen selbst zu tun. Das gilt in allen Bereichen und anderen Kulturen. Auch in Afrika, wo ich gearbeitet habe, habe ich das so erfahren und gesehen: das Clan- und Stammesdenken, die großen Familien. Aber kaum die anderen Menschen, die da auch noch leben. Ich sehe die Situation heute pessimistisch.

Albus
Also du siehst und meinst, dass alles wieder in Zerstörung, im Untergang endet?

Ackermann
Ja. Da habe ich auch Angst davor. Aber ich werde es hoffentlich nicht mehr erleben. Immer wieder frage ich mich und

andere, warum die Menschen nicht besser mit dem Wohlstand, den sie geschaffen haben, umgehen?

Albus
Ist es nicht manchmal so, dass in uns ein verhängnisvoller Drang am Werk ist, vieles, fast alles, was wir aufgebaut haben, wieder zunichte, zu nichts zu machen?

Ackermann
Das sehe ich nicht so. Nein. – Es gibt ja auch das Erhalten-Wollen.

Albus
Aber das ist doch der Lauf der Welt, der Lauf der Geschichte: Da werden große Reiche aufgebaut und zerfallen wieder. Da werden große Lebensträume geträumt und lösen sich auf, manche schon, bevor sie Wirklichkeit werden. Das ist ein dauerndes Auf und Ab. Das kannst du doch nicht übersehen, dass es so ist.

Das macht immer wieder traurig, manchmal mutlos, wenn ich sehe, da werfen ein paar Menschen, heute abschätzig Gutmenschen genannt, ihr Leben in die Bresche für andere, für das Wahre, Schöne und Gute, sie verändern für eine Zeit etwas, dann müssen sie zusehen, dass es wieder zu nichts wird. Manchmal machen sie es selbst kaputt, dadurch, dass sie meinen, sie müssten ewig bleiben, nicht sehen, dass man sich selbst nicht überleben kann, die das rechtzeitige Abschiednehmen und Loslassen vergessen, bevor es auf das Ende zugeht.

Ackermann
Über den Zerfall großer Weltreiche kann ich mir keine Gedanken machen. Das kann ich einfach nicht.

Albus
Ich meine nicht nur die Weltreiche, sie sind nur ein Beispiel. Ich sehe in allem eine verhängnisvolle Struktur: aufbauen und wieder einreißen.

Ackermann
Es geht mir nicht – auch wenn es arrogant klingen mag – um die, die ein Leben lang gearbeitet haben und dann in Rente gehen und irgendwann auch dement im Krankenhaus landen. Mir geht es um die, die noch wach sind, die noch arbeiten können. Die können auch nicht mehr alles tun wie früher. Aber sie können noch! Das gilt auch für mich. – Und ich klage nicht. Ich handle – noch.

Ich kann noch handeln.

Albus
Im Blick auf die Welt gerät auch die Kirche nicht aus den Augen. Du hast explizit ein kirchliches Leben gelebt. Lebst es noch. Die Kirche gehört zur Gestalt dieser Welt. Und die Gestalt dieser Welt vergeht, heißt es in der Geheimen Offenbarung im Neuen Testament. Und »Kirche« ist in deinem Leben ganz wichtig. Wir sind im Verlaufe unseres Projekts immer wieder darauf gekommen. Du fühlst dich in der real existierenden, gegenwärtigen Kirche nicht wohl.

Ackermann
Wir brauchen für den Glauben eine Gemeinschaft. Das halte ich für absolut notwendig. Aber wie sich unsere Kirche entwickelt hat, das entspricht meines Erachtens nicht dem, was Jesus eigentlich gemeint und vorgelebt hat.

Albus
Was hat er denn gemeint nach deiner Meinung?

Ackermann
Er ist ja in feste, verhärtete, patriarchalische Strukturen hineingekommen. Und in eine politische Machtstruktur, die eng verbandelt war mit der Religion. Und da hat er nicht mitgemacht. Er hat die geltenden und sanktionierten Regeln durchbrochen, ja gebrochen. Deshalb hat man ihn ja auch umgebracht. Mit 33 Jahren wurde er umgebracht. – Und hinterher gibt's Millionen von Menschen, die ihm nachfolgen! – Das ist und bleibt für mich ein großes Geheimnis. Er hat vieles angestoßen an Veränderungen, was andere überzeugt hat. In den ersten Jahrhunderten wurden diese Veränderungen ja auch gelebt. Da gab es die Hauskirchen. Man kam zusammen, hat miteinander diskutiert und gebetet, hat miteinander Brot und Wein geteilt. Das, was das Leben erhält. Andere konnten das nicht ertragen und verfolgten sie. Aber sie blieben dabei. Und dann bildeten sich im Laufe der ersten Jahrhunderte, vor allem im vierten, wieder Strukturen heraus, die dem Willen Jesu widersprachen. Die Frauen wurden vom Papst ausgeschlossen aus der Mitte der Kirche.

Albus

Da haben wir's doch wieder: Aus der Unschuld des Anfangs ist man wieder in die Schuld der Machtstrukturen geraten. Das ist doch furchtbar!

Ackermann

Ja, und ich denke mir, diese Machtstrukturen zeigen sich gegenwärtig in einer Kirche, die überhaupt nicht mehr darüber nachdenkt, wo die Menschen heute stehen. Was war eigentlich die Botschaft Jesu? – Vergessen! Und dann setzt man viel Hoffnung in den neuen Papst – und erlebt ihn als Gefangenen eines Systems, aus dem er ausbrechen will und nicht kann.

Albus

Gegenwärtig kann man, vor allem bei uns in Deutschland, sehen, wie eine Gestalt, eine Art von Kirche unter der Hand wegstirbt. Da gibt es dann noch ein paar Sterbebeschleuniger, wie etwa der Missbrauchsskandal oder diverse Finanzskandale. Aber eigentlich unumkehrbar ist: *Diese* Kirche muss sterben. Und wieder ist da das Merkmal: Was am Anfang war, ist verdunstet. Wir verraten den Anfang wieder einmal. Und die paar Christinnen und Christen, die sich dagegen zu stemmen versuchen und sich dabei auf Jesus berufen, die werden von der Institution, vom System, nicht ernst genommen, verschwiegen, ja zum Schweigen verurteilt. Um diesen kalten oder heißen Brei, je nachdem, kann man nicht mehr herumreden. Lasst die Toten ihre Toten begraben! Tote gehören ins Grab!

Aber: Wie sehen dann die Umrisse einer neuen Kirche, die Jesus nicht verrät, aus?

Ackermann
Schau mal auf Boppard-Hirzenach, wo ich lebe. Wir sind ein kleines Dorf mit einer wunderschönen und wertvollen Kirche. Ich habe mir vorgestellt, dass wir uns einmal in der Woche in der Kirche treffen und miteinander beten könnten. Und das habe auch angestoßen. – Und? – Kein Mensch kommt. Ich bin allein. Ich singe laut. Ich bete laut. Und ich bin allein.

Albus
Hast du dich schon einmal gefragt, warum niemand kommt? – Es gibt offenbar Wichtigeres und Interessanteres für die Menschen aus dem Dorf, als mit dir in der alten Kirche zu beten.

Ackermann
Wir müssen uns abgewöhnen, nur zu meckern, und angewöhnen, zu handeln, auch wenn am Anfang niemand oder sehr wenige mitgehen.

Albus
Max Horkheimer (1895–1973) hat einmal gesagt: »Der Mensch ist zu träge, um aus seiner Geschichte zu lernen.« Das ist ein sehr trauriger, fast resignativer Satz. Aber er ist wahr. Es ist so. Von Ausnahmen abgesehen, von seltenen. Angesichts solcher Erfahrungen dürfen wir nicht bitter werden. Dein Beispiel ist auch für mich ein Zeichen, ein Hinweis, dass jetzt eine Zeit anbricht, in der wir unsere alten Kirchen, unsere alte Kirche auch, verlassen müssen. Und dabei nach Wegen suchen, die auch andere Menschen gehen können. Aber klar ist – noch einmal: *Diese* Kirche muss sterben!

Ackermann
Die stirbt auch ohne unser Zutun. – Nach vorne schauen! Ich gehe aber am Sonntag immer noch in die Kirche, hier oder anderswo, weil mir wichtig ist, dass der Sonntag noch ein religiöses Moment hat.

Albus
Na ja, der Sonntag ist doch in sich schon ein religiöses Moment. Viele bei uns nehmen das durch die persönliche wie gesellschaftliche Säkularisierung gar nicht mehr wahr, wissen es schlicht nicht mehr. Spannend finde ich die Frage: Was sind denn religiöse Momente?

Ackermann
Das sind Zeiten, in denen ich mich auf Gott besinne, auf Gott in meinem Leben, auf Gott in der Geschichte, auf Gott in der Gemeinde, auf Ziele, auf meine Herkunft und meine Zukunft.

Albus
Ist denn deine Arbeit mit Frauen in der Prostitution nicht auch ein religiöses Moment?

Ackermann
Doch auch. Ich mache diese Arbeit in der Grundhaltung, dass sie Gottes chancenlose Töchter sind, denen ich zur Chance verhelfen will. Eine Form von konkreter, säkularer Religiosität schon.

Albus
Religion lässt sich nicht mehr nur allein auf den Ritus zurückführen. Die Welt ist anders geworden, wirklich anders, weltlich eben. Religion können wir nicht mehr allein auf Kirchlichkeit zurückführen.

Ackermann
Aber schau mal: Wir leben das ganze Jahr hindurch »normal«. Aber an unserem Geburtstag feiern wir. – Ich liebe auch die Liturgie. Obwohl ich sie manchmal auch übertrieben finde. Und männerzentriert sowieso. Wenn ein König erscheint, kommt er ja auch nicht im Straßengewand daher. Oder? Wir feiern ja gerne solche Momente, die über uns hinausgehen, in denen wir über uns hinausgehen. Und die ein tiefes Stück Wahrheit über unser Leben sichtbar machen.

Albus
Aber viele Menschen sagen heute: Dazu brauchen wir die Kirchen nicht mehr. Das können wir woanders bekommen. Auf Musikfestivals zum Beispiel. Oder in Fußballstadien. Ekstase ist ein Moment von Religion, Religiosität. Religion ist heute zu weiten Teilen aus den Kirchen ausgewandert.

Ackermann
Es gibt die schöne Geschichte vom Kölner Dom, in der ein Steinmetz sagt: »Ich habe Steine dazu beigetragen und sie bearbeitet und in den großen Bau eingefügt.« Ich denke oft daran, wie viele Menschen an so etwas mitgebaut und Gott ein Denkmal gesetzt haben. Sie wollten bei aller Endlichkeit dem großen Gott ein Zeichen setzen.

Albus

Am Ende deines Textes vor diesem Wortwechsel schreibst du wörtlich: »Wir müssen in unserer Zeit der Entfremdung sehr kreativ werden, um gegen die sich ausbreitende Sprachlosigkeit auf allen Ebenen neue Möglichkeiten der direkten Kommunikation anzuregen und zu schaffen.« Ein starker Satz. Wem oder was entfremden wir uns? Wo ist unsere Heimat, wenn wir in der Entfremdung leben? Oder gar in der Verfremdung?

Ackermann

Ich denke, jeder wird dem anderen gegenwärtig immer mehr ein Fremder. Wir tauschen uns nicht mehr genügend aus. Wir verlassen uns zu sehr, finde ich, auf die Medien, auf die technischen Mittel der Kommunikation. Ich weiß, viele Menschen empfinden das nicht so. Aber ich empfinde das so. Ich sehe immer mehr junge und ältere Menschen, die einen oder zwei Knöpfe im Ohr haben und erschrecken, wenn man sie anspricht. Man lebt immer mehr in einer virtuellen Welt, scheint mir. Der Nächste gerät immer mehr aus dem Blick. Der reale, nicht der virtuelle Nächste.

Albus

Ich verstehe, was du meinst: Die Medien müssen Mittel bleiben. Sie dürfen sich nicht zwischen uns drängen. In der Gefahr sind wir wirklich. Wenn wir das feststellen, dann sind wir nicht nur zwei Alte, die über die digitale Revolution meckern.

Ackermann
Die Folge ist Vereinsamung. Eine Reduktion auf technische Mittel der Kommunikation führt dazu.

Albus
Einig waren und sind wir uns, dass wir nicht verbittert sterben wollen?

Ackermann
Ja, da sind wir uns total einig. Und ich neige auch nicht dazu, bitter zu werden.

Albus
Ich habe manchmal den Eindruck, dass ich in der Gefahr bin, bitter zu werden, und dass ich dagegen angehen muss. Ich bewundere dich uneingeschränkt, dass du, die du doch auch irrsinnige und gewalttätige Geschichten erlebt hast, nicht bitter geworden bist oder am Ende deines Lebens bitter wirst.

Ich will auch bei mir dagegen angehen. Ganz entschieden will ich das. Ich sehe als eines der letzten großen Aufgaben meines Lebens, nicht bitter oder verbittert zu werden.

Ackermann
Aber du hast natürlich auch Schicksale erlitten und erlebt, die ich in der Härte nie erlebt habe: den Tod deiner eigenen Tochter. Den Tod von Straßenkindern aus nächster Nähe. Am schrecklichsten stelle ich mir vor, den Tod eines eigenen Kindes ertragen zu müssen.

Albus

Da gibt es für mich einen Punkt, der immer wichtiger wird: die Erfahrung, dass geschieht, was geschieht, dass ich nicht allmächtig bin, nicht Herr über Leben und Tod, nicht Schicksal spielen kann. Ich muss auch ein Stück weit, manchmal ein großes Stück weit, abgeben. Ich muss darauf achten, die letzten Augenblicke nicht zu verpassen, in denen man, ich, seine, meine vermeintliche Macht, die Ohnmacht ist im Grunde, abgibt.

Ich erlebe mich oft mit geballten Fäusten lebend. Und ich habe die Sehnsucht danach, dass ich die geballten Fäuste auch mal öffnen darf, mal lösen kann.

Die Frage des Loslassens, des rechtzeitigen, des Überlassens auch, des sperrigen oder stillschweigenden Einverstandenseins, des Verzichtens auf Einwände steht im Zentrum der vielen Altersaufgaben, die sich uns stellen.

Wenn es einen wirklich tröstlichen Satz im Nachtgebet der Kirche, in der Komplet, gibt, dann ist es der: »In deine gütigen Hände, Herr, gebe ich mich ganz.«

Martin Heidegger (1889–1976) hat in »Sein und Zeit« faktisch in einem Nebensatz einmal geschrieben, dass damit zum Ausdruck kommt, dass ich nicht alles allein auf meinen Schultern tragen muss, dass ich abgeben darf und kann. Und dass dies ein großer Trost ist für den Menschen. Wenn ich das schaffe, dann werde ich nicht verbittern und bitter sterben. – Daran »arbeite« ich Tag und Nacht.

Ackermann

Ich empfinde mich überhaupt nicht als etwas Besonderes. Oder gar als eine Ausnahmeerscheinung unter den Menschen. Ich habe genug Macken, weiß Gott. Aber ich danke

Gott jeden Tag dafür, dass trotz meiner Macken an jedem Tag meines Lebens so viel Gutes aufgebaut werden konnte.

Albus
Also du bist nicht in der Gefahr, bitter zu sterben?

Ackermann
Ich glaube es nicht. Ich bin voller Dankbarkeit.

3. Das wird ein Fest sein (nach Psalm 126)

Wenn Gott uns heimführt
aus den Tagen der Wanderschaft,
uns heimbringt
aus der Dämmerung
in sein beglückendes Licht,
das wird ein Fest sein!
Da wird unser Staunen
non Neuem beginnen.
Wir werden Lieder singen,
Lieder, die Welt und Geschichte umfassen.
Wir werden singen, tanzen
und fröhlich sein:
denn er führt uns heim:
aus dem Hasten in den Frieden,
aus der Armut in die Fülle.

Wenn Gott uns heimbringt
aus den engen Räumen,
das wird ein Fest sein!

Und die Zweifler
werden bekennen:
Wahrhaftig, ihr Gott tut Wunder!
Er macht die Nacht zum hellen Tag;
er lässt die Wüste blühen!
Wenn Gott uns heimbringt
aus den schlaflosen Nächten,
aus dem fruchtlosen Reden,
aus den verlorenen Stunden,
aus der Jagd nach dem Geld,
aus der Angst vor dem Tod,
aus Kampf und aus Gier,
wenn Gott uns heimbringt,
das wird ein Fest sein!
Dann wird er lösen
die Finger der Faust,
Die Fesseln, mit denen wir uns
der Freiheit beraubten.
Den Raum unseres Lebens wird er weiten
in alle Höhen und Tiefen,
in alle Längen und Breiten
seines unermesslichen Hauses.
Keine Grenze zieht er uns mehr.
Wer liebt, wird ewig lieben!

Wenn Gott uns heimbringt,
das wird ein Fest sein!
Wir werden einander umarmen und zärtlich sein.
Es werden lachen,
nach langen Jahren der Armut,
die Hunger gelitten.

Es werden singen
nach langen unfreien Nächten
die von Mächten Gequälten.
Es werden tanzen die Gerechten,
die auf Erden kämpften und litten
für eine bessere Welt!

Wenn Gott uns heimführt,
das wird ein Fest sein!
Den Verirrten werden die
Binden von den Augen genommen.
Sie werden sehen.
Die Suchenden finden endlich ihr Du.
Niemand quält sich mehr
mit der Frage »Warum«.
Es werden verstummen,
die Gott Vorwürfe machten.
Wir werden schauen,
ohne je an ein Ende zu kommen.
Wenn Gott uns heimführt,
das wird ein Fest sein!

Der Mensch sät in Betrübnis,
er leidet und reift!
Es bleibt sein Ende
ein Anfang!
Wer sät in Betrübnis,
wird ernten in Freude.
Denn Gott, unser Gott,
ist ein Gott der ewigen Schöpfung,
ein Gott,

der mit uns die neue Erde,
den neuen Himmel gestaltet.
Er lässt uns kommen und gehen,
lässt uns sterben und auferstehen.

Der Sand unserer irdischen Mühsal
wird leuchten.
Die Steine, die wir zusammentrugen
zum Bau unserer Welt,
sie werden wie Kristalle glänzen.
Wir werden uns freuen
wie Schnitter beim Ernten.
Wenn Gott uns heimbringt
aus den Tagen der Wanderschaft,
das wird ein Fest sein!
Ein Fest ohne Ende!

Martin Gutl (1942–1994)

4. Bilanz

Lea Ackermann
Eingefahrene Haltungen überdenke ich neu

Das Projekt, ein Jahr lang einsam und gemeinsam über mein, unser Älterwerden und mein, unser Altsein nachzudenken und ins Gespräch zu kommen, hat mich sensibler, aufmerksamer werden lassen. Vieles sehe ich jetzt anders, differenzierter als zuvor.

Es ist mir dabei eindringlich bewusst geworden, wie groß die Gefahr ist, im eingefahrenen Trott immer so weiterzumachen. Die Schwierigkeiten, die dabei entstehen: Es geht alles langsamer, umständlicher, zeitaufwendiger. Allein der Entschluss, ganz normale Dinge bewusst und nachdenklich zu tun, hätte mich schon gestört. Aber wirklich darüber nachgedacht hätte ich nicht.

Und dann die rasant anwachsende Vergesslichkeit! Sie habe ich vorher einfach ignoriert. Und nun: Ich muss mir jetzt aufschreiben, was ich am Tag zu erledigen habe. Aber wo liegen der Zettel, das Buch, der Terminkalender? Das Unvorhergesehene macht plötzlich nicht mehr so viel Freude. Einen lang ersehnten Besuch in einem überfüllten Kalender unterzubringen, wirft alles durcheinander, ein wichtiger Termin wird einfach vergessen.

Vieles gleichzeitig zu machen, war – so habe ich mir eingebildet – eine Fähigkeit von mir, auf die ich stolz war. Wenn es wirklich einmal so war, dann habe ich dieses Talent nun total verloren.

Nun heute, am Ende des Projektes, lese und bedenke ich das recht weitverbreitete »Gebet eines älteren Menschen« vor dem Hintergrund der Erfahrungen meines Verhaltens im Gespräch und im Umgang mit Menschen meiner Umgebung neu: »Bewahre mich vor der Einbildung, bei jeder Gelegenheit und zu jedem Thema etwas sagen zu müssen. Erlöse mich von der großen Leidenschaft, die Angelegenheiten anderer ordnen zu wollen.«

Ich zügle mich, zu allem und zu jedem Ratschläge geben zu wollen. Ich versuche, vorsichtiger zu sein, und bremse mich öfter aus. Ich gebe mir jetzt im Gespräch öfter Mühe, mich kurzzufassen: »Bewahre mich vor der Aufzählung endloser Einzelheiten und verleihe mir Schwingen, zum Wesentlichen zu gelangen.«

Die Überlegungen und das kritische Nachdenken über mein Sein im Alter konfrontieren mich nun ständig im Jetzt mit meinem Tun und Lassen. Ich kann es nicht mehr wegschieben. Eingefahrene Haltungen überdenke ich neu.

Ich bete und bitte Gott öfter, dass mir der Glaube an die Erfüllung alles Irdischen im Jenseits nicht verloren gehen möge. In meinem Beten kommt es allerdings dann auch immer wieder zum Versuch eines Handels mit Gott, um ein wenig mehr Zeit im Hier und im Jetzt herauszuschinden. Ich will noch ein wenig mehr Zeit haben, bevor ich gehen muss.

Meine Gedanken zum eigenen Altwerden und Altsein führen mich aber immer noch eher zum Blick zurück als zum Blick nach vorne, haben immer noch etwas leicht Nostalgisch-Wehmütiges an sich. Obwohl schon die allernächste Zukunft mit eigenen Herausforderungen auf mich zukommt.

Ich finde die laufenden gesellschaftlichen Entwicklungen und Auseinandersetzungen interessant, aber auch besorgniserregend. Ich frage mich drängender als zuvor, ob es uns gelingen wird, einen Mittelweg zu finden, der die »Weisheit« der Alten mit dem »Fortschrittsdenken« der Jugend erfolgreich verbindet.

Auch viele Fragen im Zusammenhang mit meiner katholischen Kirche sind drängender für mich geworden, machen mich unruhiger als zuvor. Heute ist Sonntag. In unserer wunderschönen Kirche aus dem 11. Jahrhundert musste schon gestern, am Samstag, der Messgottesdienst gefeiert werden. Weil nicht mehr genügend geweihte Männer vorhanden sind, die seit dem vierten Jahrhundert allein die Botschaft Jesu kirchenrechtskräftig verkünden und feiern können, kann nicht jeden Sonntag die heilige Eucharistie gefeiert werden. Diese Ist-Situation kann doch nicht im Sinne Jesu sein! Davon bin ich mehr denn je überzeugt.

Echt erstaunt bin ich und fast sprachlos, mit wie viel Überzeugungskraft die alten Männer der Kirche behaupten, dass die heutige Konstellation von Jesus so gewünscht oder sogar exakt so vorgeschrieben worden wäre. Dass Jesus auf seinem schweren Weg zur Hinrichtung am Kreuz von einem Mann seines engsten Kreises verraten und von einem anderen verleugnet wurde, hat weiter keine Auswirkungen. Dass Jesus von Frauen auf seinem letzten Gang begleitet wurde, bis unters Kreuz, findet keine besondere Beachtung. Dass er nach der Auferstehung erst einer Frau, dann drei Frauen begegnet ist und ihnen den Auftrag der Verkündigung gegeben hat, wird offiziell gar nicht zur Kenntnis genommen.

Ich gehe, sooft ich kann und ganz sicher jede Woche in eine katholische Kirche zur Eucharistiefeier. Das ist für mich einfach unverzichtbar, ja notwendig. Aber ich kann auch besser als zuvor verstehen, dass immer weniger Männer und Frauen in dieser Kirche eine, ihre Heimat finden. Meine Bilanz nach unserem Projekt hat dazu geführt, dass ich meine Kritik offener und deutlicher sage und mich Bewegungen wie Maria 2.0 anschließe. Die Kirche verlassen werde ich aber auf keinen Fall. »Auftreten, nicht austreten«, ist mein Motto.

Eine meiner ungeduldiger werdenden Fragen ist: Werde ich in meinen alten Tagen noch die Geburt einer »neuen Gemeinschaft Jesu« erleben? Oder werden wir zu den Hauskirchen der frühen Christinnen und Christen zurückkehren? Jedenfalls traue ich Frauen vor allem zu, einen neuen Schwung in die gelebte Nachfolge Jesu zu bringen – mit Gottes Hilfe.

Aufmerksamer ist auch mein Blick auf das gesellschaftliche Umfeld geworden. Und da vor allem auf die Lage der alten Menschen, Männer und Frauen. Wie werden sie, wie werden wir in der Öffentlichkeit wahrgenommen? Per Gesetz müssen zum Beispiel die Zugänge zu öffentlichen Gebäuden alten- und behindertengerecht sein. Aber im Alltag erlebe ich es allzu oft anders. Ein Beispiel: Der Zugang zum Zugverkehr ist in meinem kleinen Dorf nur über eine Treppe möglich. Eine Schräge, um den Koffer hochzurollen, gibt es nicht. Der Einstieg in den Zug ist 0,90 m hoch und für alte Menschen fast unüberwindbar. Der Bahnsteig wurde mit grauen und weißen Platten neu gestaltet, aber keinen Zentimeter höhergelegt. An Alte und Behinderte wurde nicht gedacht.

Und mehr denn je schaue ich auf die Situation von alten Menschen in den Altenheimen, wenn die Bedürftigkeit offensichtlich ist. – Wird noch mit ihnen geredet? Sie sind oft keine interessanten Gesprächspartner und Gesprächspartnerinnen mehr. Bekommen sie noch genügend Zuwendung?

Wie eine Gesellschaft mit ihren Alten umgeht, das hat große Auswirkungen auf die allgemeine Stimmung im Land, wirkt sich auf das wohlwollende menschliche Miteinander aus. In einer Gesellschaft, die Alte und Junge gut integriert, ist ein friedliches Miteinander garantiert.

Meine Bilanz nach einem Jahr intensiver Beschäftigung mit dem Älterwerden und Altsein kommt zu dem kurzen Schluss: Das Leben im Alter wird nicht einfacher. Machen wir uns nichts vor: Wir werden »weniger«, wir immer mehr Alten. Das verlangt auch Tapferkeit.

Michael Albus
Halt an! Wo läufst du hin?

Über ein Jahr lang habe ich mit Lea Ackermann an diesem Buchprojekt gearbeitet. Wir haben getrennt geschrieben und vereint gesprochen. Die Wortwechsel waren ein belebendes Element. Sie haben die jeweils allein ausgedachten und verfassten Texte mit Lebendigkeit erfüllt.

Und schließlich sind die Gespräche immer umfangreicher und intensiver geworden. Und wir haben irgendwann darauf verzichtet, nach den Wortwechseln noch einmal einen Text zu schreiben. Die Gespräche sind dadurch ab dem zweiten Kapitel länger geworden. Das kam einfach so. Wie das Älterwerden und das Alter.

Mir hat es gutgetan, den Prozess des Älter- und Altwerdens achtsamer, nachdenklicher als vorher zu begleiten. Ich bin aus der Routine, aus dem Fluss des täglichen und nächtlichen Altwerdens, aus den vermeintlichen Selbstverständlichkeiten des Lebens-Laufs herausgenommen worden und schaute dem Fluss, während der Unterbrechungen, vom Ufer aus beim Fließen zu. Wie er floss und floss, ohne Halt. Und als ich wieder einstieg, war ich ein anderer. Und der Fluss auch. Ich erinnerte mich jedes Mal an Heraklits Satz: »Keiner steigt zweimal in denselben Fluss.«

Manchmal wurde ich auch regelrecht dazu gezwungen, zuzuschauen. Eine Fußoperation hat mein Tempo verlangsamt und mancherlei zusätzliche Fragen und Gedanken aufkommen lassen. Ich konnte zusehen und spüren, wie ich wirklich älter wurde. Heute gestehe ich es mir selbst auch bereitwilliger zu als vor diesem Projekt. Und ich merke, dass ich auch ab jetzt aufmerksamer alt werden werde.

Auch bei Lea vermeinte ich festzustellen, dass sie sich verändert hat in diesem Zeitraum. Sie scheint achtsamer auf sich geworden zu sein. Ich bin ja schon ziemlich »schnell«. Aber Lea hat zuweilen ein atemberaubendes Tempo in allem, was sie tut, tun will oder zu tun gezwungen wird. Sie ist ja auch gut fünf Jahre älter als ich. Aber wir sind eben auch zwei Typen, die sich ein Leben hinter dem warmen Ofen, Däumchen drehend, Nickerchen machend, nicht vorstellen können. Noch nicht zumindest.

Eine wichtige Erkenntnis war für mich, dass es die körperlichen Gebrechen wirklich gibt – und dass sie ab einem bestimmten Zeitpunkt wirklich und wahrhaftig bleiben, ja, spürbar zunehmen. Das hatte ich bis zu unserem Projekt einfach beiseitegedrängt, wollte es auch nicht wahrhaben, nicht für »wahr« nehmen. Jetzt »weiß« ich es. Und auch meine Seele weiß es. Und wenn die Seele es weiß, dann besteht Aussicht auf Änderung. Der Kopf allein richtet nicht viel aus.

Die gesellschaftlich propagierte Mär von den jungen und fitten Alten verweise ich, von Ausnahmen abgesehen, ins Reich der Fabel. Sie entspringt allenfalls einer Sehnsucht, die sich in dieser Mär Bahn bricht. Ich sehe darin auch das Offenbarwerden des Hungers nach ewiger Jugend und nach ewigem Leben. Die Anti-Aging-Industrie macht super Geschäfte damit. Sie lebt von Verheißungen, die sich nicht erfüllen.

Darin liegt – nur nebenbei bemerkt – auch ein enormes religiöses Potenzial. Die alten Männer in den Kirchen, die auch mit dem Überleben im Älterwerden beschäftigt sind, haben es noch nicht begriffen. Oder können es nicht mehr begreifen. Sie sehen – nicht nur kirchlich – alt aus.

Jedes Lebensalter hat seine eigene Zeit und seine je eigene Geschwindigkeit. Das habe ich auch gelernt. Im Älterwerden beginnt die Entdeckung der Langsamkeit. Ab einem gewissen Punkt fast zwangsweise die Realisierung der Langsamkeit. Das kann schon mal ganz schön heftig und brutal sein.

Eines der heimlichen und unheimlichen Zauberwörter unserer Tage und Jahre heißt »Entschleunigung«. Immer wieder taucht es aus dem reißenden Fluss des Lebens wie eine Mahnung auf. Es hört sich an wie das Pfeifen des Kindes im dunklen Keller. Kommt mir vor wie ein Signal des schlechten Gewissens, das durch die Hast und Hetze und Eile erzeugt wird, die wir wie Götter verehren – und gleichzeitig dabei stöhnen und auch krank werden. Unmögliches wird sofort erledigt. Wunder dauern etwas länger.

Ich weiß nun, dass ich vorausschauend langsamer werden muss. Und damit auch geduldiger mit mir und mit anderen. »Sehet sie, ach, die Geduld!« – Johann Sebastian Bach (1685–1750), Matthäuspassion, lässt grüßen.

Ich lese nach dem Ende unseres gemeinsamen Prozesses die Todesanzeigen in den Zeitungen noch aufmerksamer als vorher. Nicht nur mit dem Blick auf die Zahl der Jahre zwischen Geburt und Tod, sondern auch mit dem Interesse an den Texten und Zitaten, die darin auftauchen. Ich sehe, wie man das Leben aufgefasst hat, das nun zu Ende gegangen ist. Oder ehrlicher und genauer: Ich sehe, welche Auffassung die Hinterbliebenen vom Leben überhaupt haben und im Blick auf die Verstorbenen hatten. Welche Sorgen, Sehnsüchte und Hoffnungen, auch welche Hoffnungslosigkeiten sie umtreiben. »Aus die Maus!«, heißt der Titel eines Buches, in dem »lustige« Todesanzeigen gesammelt sind – zum Lachen und zum Weinen gleichermaßen.

Das ist überhaupt eines der wichtigsten Themen im gemeinsamen Prozess für mich geworden: die Frage: Was kommt danach? Der Zeitpunkt rückt näher.

Da hat es, so scheint mir, Lea leichter als ich. Ihre bewundernswerte Zuversicht hat mich zuweilen schon fast ruppig gemacht. Ich habe sie aber zunehmend besser akzeptieren können.

Mich treiben immer noch und immer wieder Fragen um: Wie werde ich fertig mit dem Nichtmehrwissen, nein, mit dem Niemalswissen? Welche Hoffnungen gestehe ich mir noch zu, angesichts vieler erfahrener Hoffnungslosigkeit(en)? Wäre es nicht manchmal leichter, alle Unsicherheiten, Ängste und Zweifel beiseitezuwischen und auf Teufel komm raus einfach loszuleben, bis dass der Tod mich scheidet?

Es gibt viele Tendenzen in unserer Gesellschaft, die davon Kunde geben, dass nicht wenige sich dafür entscheiden. Die Folgen davon sieht man zum Teil in der Überlastung des »Gesundheitswesens«. Das macht mich stutzig, lässt mich vorsichtiger und rücksichtiger leben.

Eigentlich wollten wir herausfinden, ob es Unterschiede in der Wahrnehmung des Prozesses des Älter- und Altwerdens zischen Frau und Mann gibt. Wir haben immer wieder darüber intensiv und heftig miteinander diskutiert.

Das vorläufige Endergebnis hat uns überrascht: Es gibt sie nur in ein paar Hinsichten wirklich, die Unterschiede.

Im Prinzip wird der Mensch alt. Gleich, ob er schicksalhaft bestimmt, als Mann oder Frau alt wird. Die meisten vermeintlichen Unterschiede sind gängige Klischees und Werkzeuge der Ideologinnen und Ideologen. Lea hat zu Recht immer wieder auf die nach wie vor herrschenden patriarchalischen Strukturen in den »modernen« Gesellschaften, auch in den Religionen und Kirchen und in der katholischen Variante besonders, hingewiesen.

Es handelt sich nach meiner festen Überzeugung um eine reine Machtfrage zwischen den Geschlechtern. Der alte Adam lebt noch – und versucht, die alte Eva immer wieder zu beHERRschen, unterzukriegen. Und viele der alten Evas wehren sich dagegen, indem sie meinen, bessere Adame sein zu müssen. Ich setze diese »Erkenntnis« den einschlägigen Soziologinnen und Soziologen – und auch den Ideologinnen und Ideologen – zur Beute aus. Mögen sie sich daran weiden oder darüber hermachen.

Der Tod macht alle gleich. Das mag böse klingen in manchen Ohren. Soll es auch. Manche haben in einer schnelllebigen Zeit unterschätzt, dass menschliches Grundverhalten von Prägungen bestimmt ist, die aus dem Dunkel der Menschheitsgeschichte kommen. Und heute noch Macht haben. Und morgen und übermorgen noch Macht haben werden in uns und über uns.

Nach wie vor fasziniert mich genau an diesem Punkt die Lebensarbeit von Lea, die den alten körperlichen und seelischen HERRschaftsstrukturen, dem Menschenhandel und der Prostitution, den Kampf angesagt hat. Das erscheint mir wichtiger und notwendiger, als sich in ideologischen Kämpfen und Krämpfen zu verzehren. Ihr Gewährsmann ist dabei

Jesus von Nazaret, der immer wieder von seiner eigenen Männer-Kirche verraten wird.

Man kann auch von anderen Motivationen in diesem Kampf herkommen. Und sich »nur« auf die menschengegebene Würde aller beziehen. Das ist eine Frage der Quellen, aus denen jemand lebt. Grund zu (religiöser) Überheblichkeit ist es nicht. Vor allem dann nicht, wenn die Praxis der Theorie und das Leben der Lehre widerspricht. Wie – auch kirchlich – gehabt!

Ungetrübte Quellen gibt es heute so gut wie nicht mehr. Überall werden Brunnen vergiftet. Überall ist Verrat am Werk. Und ein wachsames Altwerden lehrt einen auch, dass fast alles wirklich und wahrhaftig vergänglich, verletzlich, korrumpierbar ist. Noch einmal: Alles ist und bleibt vorläufig. Alles wird provisorisch und improvisatorisch bleiben. Der Raum unserer Freiheit und Selbstverfügbarkeit ist eng.

Das Provisorische ist das Endgültige. Das habe ich während unserer Arbeit an diesem Buch endlich begriffen. Und erwarte jetzt mit offenen und geschlossenen Augen das, was kommen wird. Und neugierig darauf bleiben will ich auch.

Ich lasse mich überraschen. Von wem und von was auch immer.

Ach, da fällt mir noch gerade ein jüdischer Witz ein:

»Ein sehr alter Mann kommt zum Rabbi und spricht: Rabbi, meine Frau erwartet ein Kind. Ist es von mir oder ist es vom andern? Nach einigem Überlegen antwortet der Rabbi: Ist es von dir, ist es ein Wunder! Ist es vom andern, ist es ein Wunder?«

Ich hoffe, dass ich aus dem Staunen nicht herauskomme.

Im Grunde geht es ums Loslassen
Einige Nachbemerkungen

Jetzt, wo unser Projekt beendet ist und wir noch einmal alles durchgegangen sind, liegt uns daran, den durchlaufenen Prozess irgendwie auf einen Grundnenner zu bringen. – Um was geht es »eigentlich« und im entscheidenden Punkt beim Älterwerden und Altsein? Wir meinen: Im Kern geht es ums Loslassen.

Und wir meinen auch: Das kann, nein, das sollte jetzt schon beginnen. Es sollte in jedem Fall so früh wie möglich beginnen. Und nicht erst, wenn es »so weit« gekommen oder gar zu spät ist.

Die Kunst des Lebens ist auch eine Kunst des Sterbens. Das wussten unsere Vorfahren noch. Wir sind in der Gefahr, das aus dem Blick zu verlieren. Wollen es nicht wahrnehmen und für wahrnehmen.

Um, frei zitiert, mit Erich Fromm (1900–1980) zu sprechen: Wir sollten uns mehr auf der Seite des »Seins« als auf der »Haben«-Seite aufhalten. Deswegen müssen wir nicht mit einer Leichenbittermiene durch unser Leben gehen, wie lebende Leichname, wie traurige Gestalten daherkommen. Im Gegenteil. Wir könnten lockerer und leichter leben, wenn wir uns auf der Habenseite entlasten würden.

Es geht darum, gelassen und unverkrampft abschiedlich zu leben, nicht alles, was wir haben, festhalten zu müssen, auch nicht alles haben zu wollen. Denn im Grunde haben wir ja wirklich nichts, wenn wir alles haben. Zu haben bedeutet auch, dass das Leben noch gefährlicher wird, als es schon ist.

Wir erinnern an die Geschichte, die von Franz von Assisi erzählt wird: Er wurde gefragt, warum er seinen Brüdern Armut geboten habe? Seine lapidare Antwort: »Wenn wir Besitz hätten, dann bräuchten wir auch Waffen, um ihn zu verteidigen.« Das klingt wie eine Botschaft aus grauester Vorzeit in den Ohren von uns Heutigen. Aber es ist eine Botschaft, wie sie aktueller in unserer ach so modernen Gegenwart nicht sein könnte.

Wir meinen: Das Sterben würde am Ende leichter, die Abschiedsschmerzen erträglicher, wenn wir rechtzeitig loslassen. Wir wissen auch: Das ist leichter gesagt als getan. Und dennoch: Lieber jetzt ein paar Unpässlichkeiten als später oder zu spät eine nicht mehr zu bewältigende Flut von schrecklichen Krämpfen, die aus dem Haben-Wollen entstehen.

Wir können nichts mitnehmen nach Anderland. Das sich im Kopf und im Herzen unwiderruflich klarzumachen, ist nicht einfach. Aber: Leichtes Gepäck ist in jedem Fall eine gute Reiseempfehlung. Egal, wohin die Reise geht. Wir wissen es ja nicht. Wir werden es erst danach wissen, nachher. Aber auch das ist nicht sicher.

Ach ja: Das Wissen und das Wissenwollen sind auch so eine Geschichte. Auch das sollten wir rechtzeitig loslassen. Denn auch das können wir nicht mitnehmen, wenn wir gehen müssen. Wissen als Besitz? Eine Illusion!

Es geht schlicht und ergreifend darum, die geballten Fäuste rechtzeitig zu öffnen. Bevor wir das dem Tod überlassen müssen. Geballte Fäuste gibt es zeitlebens mehr als genug. Sie tragen viele Namen. Und es gibt auch Gründe genug, Fäuste zu ballen. Das sollte man nicht verniedlichen. Aber genauso viele Gründe gibt es, sie zu öffnen. Was bringt es, wenn wir uns dauernd aggressiv verkrampfen?

Alles ist vorläufig. Das ganze Leben. Es läuft etwas anderem voraus, das wir noch nicht kennen. Wenn »das andere« kommt, eintritt, uns überfällt, dann kann es alles oder nichts sein. Wir wissen es nicht. Das kann uns traurig und aussichtslos machen. Aber auch neugierig und gelassen.

Also: Leicht ist es nicht, das Endliche und Vorläufige – und manchmal auch Vergebliche.

Aber wir können es uns im kleinen Rahmen unserer Freiheit(en) leichter machen. Das Schwere leichter machen. Denn leicht ist das Schwere nicht.

Wir möchten es ausprobieren. Nicht mal nur »eben so«.

Nein: AUS-probieren. Probieren, bis es »aus« ist.

Alles bleibt offen.

Bis wir zur Ruhe kommen.

Aber ob wir zur Ruhe kommen, ist auch nicht sicher.

Alles fließt. Nicht nur der große Fluss, an dem wir beide (noch) wohnen.

Lea Ackermann
Michael Albus

Textquellen

S. 11: Aus: Henning Mankell, Treibsand – Was es heißt, ein Mensch zu sein, Wien 2015, S. 240.

S. 108: Aus: Jörg Zink, Ufergedanken, München 2007, S. 120.

S. 132: Friedrich Hölderlin, Brot und Wein 3, In: Hölderlins Werke in zwei Bänden, Berlin – Weimar 1968, Erster Band, Gedichte, S. 222.

S. 164ff.: Martin Gutl, Das wird ein Fest sein, in: Nachdenken mit Martin Gutl, Texte, Meditationen, Gebete, Graz – Wien – Köln 1983, S. 224–226.

VERLAGSGRUPPE PATMOS

PATMOS
ESCHBACH
GRÜNEWALD
THORBECKE
SCHWABEN
VER SACRUM

Die Verlagsgruppe
mit Sinn für das Leben

MIX
Papier aus verantwortungsvollen Quellen
FSC® C083411

Klimaneutral
Druckprodukt
ClimatePartner.com/14549-2003-1001

Für die Verlagsgruppe Patmos ist Nachhaltigkeit ein wichtiger Maßstab ihres Handelns. Wir achten daher auf den Einsatz umweltschonender Ressourcen und Materialien.

Verlagsgruppe Patmos in der Schwabenverlag AG, Ostfildern
www.patmos.de

Umschlaggestaltung: Finken & Bumiller, Stuttgart
Umschlagabbildung: Foto Lea Ackermann:
© SOLWODI Deutschland, Boppard
Foto Michael Albus: Privat.
Alle Rechte vorbehalten
Gestaltung, Satz und Repro: Schwabenverlag AG, Ostfildern
Druck: CPI books GmbH, Leck
Hergestellt in Deutschland
ISBN 978-3-8436-1200-5